促进共享式增长的财政支出政策研究

Fiscal Expenditure Policy to Promote Inclusive Growth

肖翔　著

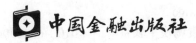
中国金融出版社

责任编辑：黄海清
责任校对：潘　洁
责任印制：陈晓川

图书在版编目（CIP）数据

促进共享式增长的财政支出政策研究（Cujin Gongxiangshi Zengzhang de
Caizheng Zhichu Zhengce Yanjiu）/肖翔著.—北京：中国金融出版社，2016.6
　　ISBN 978-7-5049-8540-8

　Ⅰ.①促…　Ⅱ.①肖…　Ⅲ.①财政政策—研究—中国　Ⅳ.①F812.0

中国版本图书馆CIP数据核字（2016）第104233号

出版
发行　**中国金融出版社**

社址　北京市丰台区益泽路2号
市场开发部　（010）63266347，63805472，63439533（传真）
网上书店　http://www.chinafph.com
　　　　　　（010）63286832，63365686（传真）
读者服务部　（010）66070833，62568380
邮编　100071
经销　新华书店
印刷　保利达印务有限公司
尺寸　169毫米×239毫米
印张　10.5
字数　180千
版次　2016年6月第1版
印次　2016年6月第1次印刷
定价　36.00元
ISBN 978-7-5049-8540-8/F.8100
如出现印装错误本社负责调换　联系电话（010）63263947

前　言

　　经济如何实现可持续增长并且增长成果能否为民众所共享，是一个国家发展的根本性问题。改革开放以来，我国在经济增长方面取得了举世瞩目的成绩，人民生活水平显著提升，贫困发生率持续下降。与此同时，一些可能威胁经济发展与社会和谐的现象值得注意，包括：经济增长的减贫效应有所减弱；收入不平等高位徘徊，非收入维度不平等有所加剧；政府再分配效果有待加强。以上现象的存在，意味着经济增长的成果并未公平地惠及所有人，这与中国特色社会主义关于避免两极分化、实现共同富裕的要求相违背。不仅如此，解决经济增长成果的共享问题，还关系着我国未来经济的可持续发展问题和能否成功跨越中等收入陷阱。因此，在我国经济从高速增长转向中高速增长的新常态下，如何使更广泛的民众更公平地共享经济增长成果，是当前以及未来一段时期内我国必须着力解决的重大问题。

　　针对上述发展问题，理论界和政策界提出了共享式增长的解决方案。共享式增长是强调经济增长成果由更广范围的民众所共享的经济增长方式，既关注经济增长的速度和可持续性，也关注经济增长成果的共享。从更为直观的角度看，共享式增长就是保持经济增长的同时，同步提升居民平均收入，并改善收入不平等状况，从而最大程度提升社会福利。

　　理论和实践表明，由于兼具增长效应和分配效应，财政支出政策在实现共享式增长过程中能够发挥重要作用。鉴于此，笔者以财政支出如何影响共享式增长为主题，全面梳理财政支出对共享式增长的影响机制，并基于阿玛蒂亚·森提出的社会福利指数和脱钩指数方法，构建了一个全新的共享式增长指数（IGI指数），利用1978—2014年的全国数据和1995—2013年的省级数据，计算出全国共享式增长指数和省域共享式增长指数，详细分析了我国经济增长共享程度的时序变化和区域差异。在此基础上，运用面板向量自回归（PVAR）模型，实证研究财政支出对共享式增长的影响机制、作用方向和区域差异，得出以下主要研究结论：

（1）经济增长的"涓滴效应"和"扩散效应"不会自动出现，共享式增长并非一个自然而然的过程。实现共享式增长，需要政府实施合理有效的公共政策和制度安排。在这个过程中，财政支出能够发挥重要作用。

（2）财政支出对共享式增长主要有两个影响机制：即财政支出的增长效应和分配效应。不同类别财政支出增长效应和分配效应的作用机理和影响程度具有一定差异，对共享式增长的综合影响也不一样。公共投资支出、经济事务支出等经济性支出的主要目标在于促进经济增长，具有较为直接的增长效应，但也会通过归宿于不同地区或群体，产生一定的分配效应。公共教育支出、公共卫生支出、社会保障支出等社会性支出的主要目标在于促进社会公平，具有较为直接的分配效应，但也会通过促进人力资本积累和可行能力，产生一定的增长效应。

（3）改革开放以来，我国经济增长总体上具有共享特征。改革开放早期，经济增长具有高度共享特征，基尼系数较低，人均GDP和社会福利迅速提高；之后进入中低共享程度的经济增长阶段，基尼系数逐年攀升，经济增长尽管比第一阶段更快，但收入分配的恶化，部分抵消了经济高速增长带来的社会福利增量；2008年后，经济增长开始由中度共享转向高度共享，这得益于在维持较高的人均GDP年均增长率的同时，基尼系数逐年下降，使社会福利有了较大幅度提升。

（4）1996年以来，我国省域经济增长总体上具有共享特征，但在具体表现上呈现出较为明显的区域差异。从1996—2013年的共享式增长指数均值看，多数样本省份的经济增长具有中度共享，实现高度共享的只有北京、上海和浙江这3个省份。从共享式增长指数的具体数值看，多数样本省份实现中度共享和低度共享的年份要多于实现高度共享的年份，只有北京实现高度共享的年份比例超过60%。

（5）对我国财政支出增长效应和分配效应的实证结果显示：财政支出整体上具有促进经济增长的长期作用，但并没有发挥改善收入分配的作用；公共教育支出短期内对经济增长具有负面作用，降低收入不平等的作用时滞较长；公共卫生支出在短期内能够提高经济增长同时降低收入不平等；社会保障支出对经济增长和收入不平等没有产生显著作用；公共投资支出在短期内促进经济增长，并对收入分配起到了微弱的、短期的改善作用；经济事务支出对经济增长无显著影响，对收入分配有不显著的改善作用；国防和公共安全支出为代表的一般性支出能够促进经济增长，但同时也会恶化收入不平等。

（6）对我国财政支出影响共享式增长的实证结果显示：公共教育支出对共享式增长具有长期、显著的促进作用；公共卫生支出对共享式增长的作用也十分显著，但其作用的持续时间要短于公共教育支出；社会保障支出、公共投资支出、经济事务支出和以国防、公共安全支出为代表的一般性支出对共享式增长没有显著作用。在发达地区和非发达地区，财政支出对共享式增长的影响具有一定差异：公共卫生支出在发达地区对共享式增长具有显著促进作用，但在非发达地区对共享式增长没有显著作用；相比于发达地区，公共教育支出在非发达地区的共享式增长促进作用更为显著且更持续。

目　　录

第1章 导论

1.1 研究背景与意义

1.1.1 背景

经济如何实现可持续增长并且增长成果能否为民众所共享，是一个国家发展的根本性问题。改革开放以来，我国在经济增长方面取得了举世瞩目的成绩。1978—2014年，我国GDP年均增速达到9.76%，名义GDP从1978年的3645.2亿元迅速升至2014年的636138.7亿元；人均GDP年平均增速达到8.68%，名义人均GDP从1978年的381.2元提高到2014年的46629元。按照世界银行的划分标准，我国已经从低收入组国家跃升为中高收入组国家。

持续高速的经济增长极大改善了人民生活水平。国家统计局数据显示，我国城镇居民人均可支配收入从1978年的343.4元升至2014年的29381.0元；农村居民人均纯收入从1978年的133.6元升至2014年的10488.9元。城镇和农村的恩格尔系数分别从1978年的57.5%和57.8%下降到2013年的35.0%和37.7%。根据联合国开发计划署2015年12月发布的最新《人类发展报告》，我国的人类发展指数得分为0.727，属于高人类发展水平国家[①]。1980年以来的三个十年里，我国人类发展指数的年均增长率普遍高于按不同人类发展水平分组的各组平均水平。

[①] 人类发展水平的衡量标准：低人类发展水平：HDI<0.550；中等人类发展水平：0.550≤HDI≤0.699；高人类发展水平：0.700≤HDI≤0.799；极高人类发展水平：HDI≥0.800。

表1.1   我国1980—2014年人类发展指数

分组	HDI数值					HDI年变化率（%）		
	1980年	1990年	2000年	2010年	2014年	1980—1990年	1990—2000年	2000—2013年
中国	0.423	0.502	0.591	0.682	0.727	1.72	1.66	1.52
极高水平	0.757	0.798	0.849	0.885	0.896	0.52	0.62	0.37
高水平	0.534	0.593	0.643	0.723	0.744	1.04	0.81	1.04
中等水平	0.420	0.474	0.528	0.601	0.630	1.22	1.09	1.17
低水平	0.345	0.367	0.403	0.479	0.505	0.64	0.95	1.56

资料来源：根据《人类发展报告》整理。

同时，我国在减少贫困方面也取得了巨大成就。30多年来，我国共有6亿多人摆脱贫困。根据世界银行的世界发展指标（WDI）数据库，按照1.25美元/天的国际贫困线标准，我国贫困率从20世纪80年代初的84.27%下降到2011年的6.26%；按照2美元/天的标准，贫困率从20世纪80年代初的97.85%下降至2011年的18.61%。根据国家统计局数据和贫困线标准，我国农村贫困发生率从1978年的30.7%下降为2014年的7.2%。

表1.2   我国1981—2011年贫困率   单位：%

贫困指标	1981年	1987年	1990年	1996年	2002年	2008年	2011年
1.25美元/天	84.27	53.95	60.73	37.39	28.06	12.34	6.26
2美元/天	97.85	83.63	84.97	66.2	50.73	28.33	18.61

资料来源：世界银行，世界发展指标数据库。

在经济增长取得巨大成就的同时，一些可能威胁经济发展与社会和谐的现象值得注意。

一是经济增长的减贫效应有所减弱。世界银行发布的《中国贫困和不平等问题评估报告》测算了1981—2005年我国贫困发生率对经济增长的弹性系数。弹性系数从20世纪80年代初的2.52下降到了2002年至2005年期间的1.03，贫困对增长的反应降至20世纪80年代初期的40.9%，这表明经济增长的减贫效应有所下降。该报告还提出收入不平等的快速上升是导致贫困对增长反应下降的一个主要因素，如果不对收入不平等状况进行治理，就难以保持较高的减贫率。Balakrishnan、Steinberg和Syed（2013）也认为，中国的经济增长是益贫的，但由于收入分配的恶化，不如其他发展中国家比如部分拉丁美洲和亚洲国家那样具有共享特征。

二是收入不平等高位徘徊,非收入维度不平等有所加剧。改革开放初期,我国曾是世界上收入最平等的国家之一,经过30多年的发展,已经成为收入最不平等的国家之一。目前,我国的收入不平等水平已经进入一个高位徘徊阶段(王天夫和王丰,2013)。根据国家统计局数据,2003年以来,我国居民收入基尼系数经历了两个阶段,从2003年的0.479持续上升至2008年的0.491,从2008年之后逐步回落至2013年的0.473。但这一测算结果引起了较大争议,一些民间机构测算的基尼系数远高于国家统计局数据。比如,西南财经大学的一份调查报告显示,2010年我国的基尼系数为0.61。Xie和Zhou(2014)研究表明,2005年以来,我国基尼系数呈持续走高趋势,数值在0.53~0.61。也有学者(岳希明、李实,2013)认为,国家统计局公布的基尼系数基本上是可接受的,但同时也存在数据收集、估计方法上的问题。尽管各方数据有着较大差异,有一点是不可否认的,我国的收入不平等仍然维持在国际公认的警戒线(0.4)以上。伴随着收入不平等的持续高位,我国在人类发展的非收入领域不平等状况也有所加剧。《人类发展报告》显示,我国在健康、教育方面存在较为严重的不平等,导致人类发展指数经不平等调整后产生了22.3%的损失。世界银行(2013)也认为,我国在提供基本公共物品和服务上存在较为严重不平等。

表1.3 我国经不平等调整后的人类发展指数

时间	HDI 值	不平等调整后的HDI 值	损失(%)	位次变化	不平等调整的健康指数 值	损失(%)	不平等调整的教育指数 值	损失(%)	不平等调整的收入指数 值	损失(%)
2011年	0.687	0.534	22.3	-1	0.730	13.5	0.478	23.2	0.436	29.5
2012年	0.699	0.543	22.4	0	0.731	13.5	0.481	23.2	0.455	29.5
2013年	0.719	—			0.768				0.505	
2014年	0.727	—			0.774				0.514	

资料来源:根据《人类发展报告》整理。

三是再分配效果有待进一步加强。一般认为,政府通过税收、转移支付、社会保障等再分配政策能够改善收入不平等状况。在我国,政府再分配的工具、范围和效果都有待加强。首先,具有再分配性质的税收和转移支付总体规模较低,限制了再分配的作用空间(Il Houng Lee等,2013)。其次,我国目前的税收体系以间接税为主体,个人所得税、财产税等直接税占比不高,影响了税收再分配效应的发挥（米增渝，2012）。最后，公共财政资源的不平衡配置转化成公共服务水平、社会保障等方面的巨大差异，造成了不平等的持续扩大（世界银行，2009）。此外，有学者（周业安等，2012；王天夫，2013）认为，我国的再分配政策存在三种逆向转移，即城乡逆向转移、区域逆向转移、不同群体间的逆向转移，城市、东部地区、富人获得了更多的政府转移支付，导致收入不平等进一步拉大。标准化世界收入不平等数据库（SWIID）直观地给出了再分配前的基尼系数和再分配后的基尼系数[①]。1970年以来，我国的政府再分配作用十分薄弱，2008年国际金融危机之后，甚至产生了-0.02的负效应，这样的再分配效果不仅与发达国家（如七国集团的成员国）有很大的距离，即使与新兴经济体和金砖国家相比，也处于落后位置。

综上，尽管我国在经济增长、提高城乡居民人均收入、减少绝对贫困方面取得了骄人成绩，但伴随着收入不平等的持续高位，经济增长成果并未公平地惠及所有人。避免两极分化、实现共同富裕是中国特色社会主义的根本原则。因此，如何在经济可持续增长的条件下，尤其是在我国经济从高速增长转向中高速增长的新常态下，使更广泛的民众更公平地共享经济增长成果，是当前以及未来一段时期内我国必须着力解决的重大问题。正是意识到经济增长成果共享问题的重要性和迫切性，党的十八大报告提出了"着力解决收入分配差距较大问题，使发展成果更多更公平惠及全体人民"的战略任务和"实现国内生产总值和城乡居民人均收入比2010年翻一番"的预期目标（即"居民人均收入倍增计划"）。党的十八届三中全会提出将"促进社会公平正义、增进人民福祉"作为全面深化改革的出发点和落脚点。党的十八届五中全会提出"共享发展"理念，明确指出共享是中国特色社会主义的本质要求。

表1.4 再分配效果的时序与国际比较

时间	比较维度	中国	二十国集团	七国集团	新兴十一国	金砖国家
1970—1979	净不平等	0.30	0.36	0.30	0.43	0.46
	市场不平等	0.30	0.44	0.41	0.47	0.50
	再分配效果	0.00	0.08	0.11	0.04	0.04

---

① 需要指出的是，SWIID数据库显示，2008年以来中国总体基尼系数呈持续恶化状态，这一判断与国家统计局数据相背离（也与笔者估算的结果不一致），这里列出SWIID数据，只是想更加直观地描述再分配效果（即市场不平等减去净不平等）的国际差异。

时间	比较维度	中国	二十国集团	七国集团	新兴十一国	金砖国家
1980—1989	净不平等	0.29	0.36	0.29	0.42	0.44
	市场不平等	0.30	0.43	0.42	0.45	0.48
	再分配效果	0.01	0.09	0.13	0.03	0.04
1990—1999	净不平等	0.37	0.38	0.31	0.44	0.49
	市场不平等	0.38	0.47	0.46	0.48	0.54
	再分配效果	0.01	0.09	0.15	0.04	0.05
2000—2007	净不平等	0.50	0.38	0.32	0.44	0.50
	市场不平等	0.49	0.48	0.48	0.48	0.55
	再分配效果	-0.01	0.10	0.16	0.04	0.05
2008—2013	净不平等	0.54	0.38	0.32	0.43	0.49
	市场不平等	0.52	0.49	0.49	0.48	0.56
	再分配效果	-0.02	0.11	0.17	0.05	0.07

注：二十国集团的数据包括阿根廷、澳大利亚、巴西、加拿大、法国、德国、印度、印度尼西亚、意大利、日本、韩国、墨西哥、俄罗斯、南非、土耳其、英国、美国等17个经济体数据的平均值。七国集团的数据包括加拿大、德国、法国、日本、意大利、英国、美国等7个经济体数据的平均值。新兴十一国数据包括阿根廷、巴西、印度、印度尼西亚、韩国、墨西哥、俄罗斯、南非、土耳其等9个新兴经济体数据的平均值。金砖国家数据包括巴西、俄罗斯、印度、南非等4个经济体数据的平均值。为便于中国与以上组别国家的比较，计算以上组别平均值时，已剔除中国数据。SWIID数据库没有沙特阿拉伯数据，因此，所属的相应组别数据不含沙特阿拉伯数据。本表数据的时间跨度如下：阿根廷：1970—1972、1974—2013。澳大利亚：1970—2012。巴西：1974、1979、1981—2012。加拿大：1970—2011。中国：1970、1972、1974、1975、1978—2013。法国：1970—2012。德国：1970—2012。印度：1970—2010。印度尼西亚：1970—2013。意大利：1970—2013。日本：1970—2010。韩国：1970—2013。墨西哥：1970—2012。俄罗斯：1970—2011。南非：1970、1972—2011。土耳其：1977—2012。英国：1970—2013。美国：1970—2012。

资料来源：根据SWIID，即标准化世界收入不平等数据库（Standardized World Income Inequality Database）Version5.0整理，该数据库于2014年10月最近一次更新。

解决经济增长成果共享问题，不仅关乎人民福祉的提升，还影响着我国未来经济的可持续发展问题。国际经验表明，收入不平等程度过大，是产生中等收入陷阱的重要原因。20世纪60年代试图跻身高收入国家失败的14个国家，在1965年之前的基尼系数高达0.498，而挑战成功的国家（或地区）则不到0.4（贺大兴等，2014）。根据宾州大学列出的112个国家1980—2009年的收入转移矩阵，1980年的15个中低收入国家中，有11个到2009年仍然属于低收入行列，在1980年的46个中低收入国家和25个中高收入国家中，到2009年分别有34个和17个国家的分组并没有发生变化。对这些陷入中等收入陷阱的国家进行深入分析，可以发现，这些国家大多是不平等程度很高的国家。因此，有学者（王天夫，2013；Narayan等，2014）总结，在所有未能跨越中等收入陷阱的国家中，高度不平等不仅是其共同特征，也是其陷入困境的重要原因，没有一个国家能够在收入不平等程度很高的情况下跨越中等收入陷阱。

表1.5　　　　　　　　　世界收入转移矩阵：1980—2009年

收入分组	低收入	中低收入	中高收入	高收入	合计
低收入	11	4	0	0	15
中低收入	12	22	12	0	46
中高收入	0	2	15	8	25
高收入	0	0	0	26	26
合计	23	28	27	34	112

注：收入分组为世界银行的分类。

资料来源：宾州大学世界表6.0，转引自：姚洋，《发展经济学》，北京，北京大学出版社，2013。

　　针对上述发展问题，理论界和政策界都给出了不同的解决方案，共享式增长（Inclusive growth，也译为包容性增长[①]）是其中较为主流的方案。共享式增长是强调经济增长成果由更广范围的民众共享的经济增长方式，既关注经济增长的速度和可持续性，也关注经济增长成果共享，从更为直观的角度看，共享式增长就是保持经济增长的同时，同步提升居民平均收入，并改善收入不平等状况，从而最大程度提升社会福利。实际上，我国改革开放早期是典型的共享式增长（郑永年，2010；徐俊武，2013），改革最早从农民这个社会最弱势群体开始，农副产品价格的提高和家庭联产承包责任制带来的产量上升，大大增加了农村居民收入，从而缩小了城乡收入差距。总的来说，改革开放早期在分配领域打破了固化的平均主义"大锅饭"，在经济领域允许国有企业部门之外发展乡镇企业、私营企业等非国有部门，使社会群体的大多数都分享到了经济

---

　　① 关于Inclusive growth的翻译，部分学者（林毅夫等，2008；卢现祥等，2012）译为共享式增长，部分学者（蔡荣鑫，2009；徐俊武，2013）译为包容性增长，笔者认为共享式增长更加契合共享发展理念，更能体现经济增长的目标要求，因此倾向于第一种译法。同时，在本文中不对共享式增长和包容性增长刻意区分。

增长的成果。我国总体基尼系数①在1978—1993年虽然历经增减波动，但都在0.4的国际公认警戒线以下。1994年首次突破0.4的国际公认警戒线，之后几乎呈现出单边上升的趋势。在2009年之后开始缓慢下降，但仍然高于0.4。从基尼系数的变动趋势也能看到，我国的收入不平等程度加深趋势是从20世纪90年代之后开始的。发展到现在，进入了一个高位徘徊阶段（王天夫，2013）。因此，如何实现可持续经济增长并促进增长成果共享，即实现共享式增长，已经成为当前发展中不能不面对的关键性问题。

近年来，越来越多的国际组织和学者认为在实现共享式增长过程中起决定性作用的是财政支出政策（Habito，2009；卢现祥等，2012；徐俊武，2013；Anand等，2014；Seok-Kyun Hur，2014；ADB，2014）。首先，发展中国家的税收分配作用具有一定的局限性，在大多数国家，由于无法有效管理个人所得税、财产税难以真正实施等诸多因素的共同作用，显著降低了税收的再分配作用。在税收政策受限的情况下，再分配政策的重点应放在支出政策上（Perkins，2013）。其次，财政支出政策具有重要的分配效应，相对于财政收入政策，财政支出政策更有可能对特定群体产生直接效应，比如，社会转移支付、免费公共服务或享有补贴的公共服务能够直接作用于低收入家庭（Seok-Kyun Hur，2014）。再次，尽管传统观点认为，财政支出面临增长职能和分配职能的冲突和协调，但最近的一些研究表明，财政支出是协调增长与分配关系的关键因素，不同财政支出的合理组合能够促进或者不降低经济增长率的情况下，改善收入不平等状况，从而实现共享式增长（尹恒等，2006；米增渝等，2012；Gallo和Sagalés，2013；史焕平，2014）。

考察财政支出政策对共享式增长的综合影响，最好是在财政支出、经济增长和收入不平等的统一框架下进行（ADB，2014）。笔者以财政支出对共享式增长的影响为主题，拟重点解决以下几个方面的问题：

（1）经济增长与收入不平等的关系如何？共享式增长是否能够实现？

（2）我国经济增长在共享程度方面表现如何？

---

① 需要指出的是，该基尼系数的计算是基于公开可得的国家统计局数据，可能存在一定的误差。该计算结果不仅低于民间机构的测算，也低于国家统计局的官方数据。但由于以上民间和官方数据都缺少1978年以来的连续时序数据，笔者按照计算数据一致和方法一致的原则，仍然使用该估算数据。笔者认为该结果基本能反映中国收入不平等状况的一般变化趋势，并将在第4章具体讨论基尼系数计算的问题。

（3）财政支出和共享式增长的理论联系如何？影响机制如何？

（4）财政支出在促进共享式增长方面能够发挥怎样的作用？

（5）为了最大程度促进共享式增长，财政支出的总量和结构在现有基础上如何进行调整优化？

关于以上问题，理论界的研究方兴未艾，政策界的行动如火如荼。笔者试图从财政支出的角度，对我国经济如何实现共享式增长进行深入研究。

1.1.2 研究的理论与实践意义

共享式增长是发展经济学领域提出的一个新概念。新古典经济学认为，经济增长的成果一般会通过"涓滴效应"和"扩散效应"，逐步惠及所有社会阶层和人群，自然而然地形成帕累托最优状态。但现实情况是，尽管发展中国家有较好的增长绩效，但收入分配却不断恶化，Kuznets"倒U形曲线"的右半部分（即伴随着经济增长，收入分配得到改善的阶段）似乎遥遥无期。在20世纪50年代，经济增长自然产生"涓滴效应"的观点就遭到一些发展经济学家的反对。Myrdal（1957）认为，在发展中国家刚性的经济结构中，劳动、资本、技术等要素的市场化流动，会更有利于发达地区而不利于落后地区。Myrdal的观点在20世纪70年代得到了发展经济学家Chenery（1975）、Ahluwalia（1976）等人的实证检验。发展经济学家们也意识到，尽管经济增长是减贫的必要条件，但并非充分条件，改善收入不平等状况应该成为政策的着力点。根据Thorbecke（2014）的总结，共享式增长是发展经济学领域的一个新的范式和战略处方（strategic recipe）。在过去60年，发展的定义以及发展手段在不断演进，20世纪50年代关注GDP的最大化，70年代转向就业创造和基本需求的满足，80年代侧重于结构调整和经济稳定，90年代初期则关注减贫，到现在，可持续的、共享式的经济增长是重点。

表1.6　　　　　　　　　　　　共享式增长理念的动态演进

时间	理论焦点	政策理念
50~60年代	经济增长成果能够通过"涓滴效应"和"扩散效应"，逐步地扩散到社会所有阶层	GDP最大化
70~80年代	关注就业创造和基本需求满足，后期关注经济结构调整和经济稳定	宽基础增长
90年代至2000年	关注有利于穷人的经济增长以及提升穷人可行能力的经济政策	益贫式增长
2000年至今	关注不平等对经济增长的负效应，以及降低贫困的增长弹性的作用	共享式增长

资料来源：作者自行整理。

既然共享式增长涉及经济增长以及经济增长成果的共享问题，理论探讨的一个可行路径便是经济增长与收入不平等的关系问题。传统理论认为，收入不平等是经济增长的前提条件，这是因为富人比穷人拥有更高的边际储蓄偏好，对于同样水平的平均收入，更加不平等的收入分配将产生更多的储蓄，从而带来更多投资和高增长（Kaldor，1957）。50年代以来，许多研究者关注经济增长与收入分配的取舍关系（Trade-off）。Kuznets（1955）提出了著名的经济增长与收入不平等的"倒U形曲线"假说。70年代中期，许多研究者发现，多数穷国并没有实现与发达国家的经济增长收敛，收入分配持续恶化。凯恩斯主义认为，要实现增长收敛，需要国家干预、产业政策和收入再分配政策。80年代中期，内生经济增长理论更加关注人力资本积累和技术创新，认为如果经济增长主要是由人力资本积累、技术和制度等推动，那么收入不平等将因为不利于人力资本积累和技术创新等而对经济增长产生负面影响。1993年，世界银行的一份报告指出，在1965—1990年，东亚的8个经济体不仅实现了快速增长，还成功改善了收入分配状况。东亚奇迹的出现，引发了理论界对经济增长与收入不平等兼容关系的探讨。进入21世纪以来，几乎是全球性的收入不平等扩大现象使经济增长和收入不平等的关系再次成为世界各国的关注焦点。2008年国际金融危机之后，一些学者从收入不平等的角度对危机成因进行了反思。Kumhof和Rancière（2010）和Jozan（2013）认为，不断扩大的收入不平等是此轮金融危机的重要原因之一。部分经济学家针对收入不平等也开展了众多研究，出版了多部极具社会影响力的关于不平等危害的著作，包括Stiglitz（2012）的《不平等的代价》和Bourguignon（2012）的《不平等的全球化》（这两位都曾担任过世界银行的首席经济学家），Atkinson和Piketty的《二十世纪的最高收入：全球视角》、Wilkinson和Pichett（2010）的《精神层面：为什么平等对每个人都有好处》以及Piketty（2013）的《21世纪资本论》。这些著作都指出，各个国家在收入、机会或者权利不平等方面的问题都已变得更加严重，从其对经济和社会所带来的影响来看，不平等是一种灾难，是一种狡猾、隐蔽和可怕的机制（Genevey，2013）。

尽管关于经济增长和收入不平等关系的理论探讨并没有公认的确定性结论，但是将经济增长与收入不平等纳入共享式增长的统一分析框架而不是割裂地探讨两者，已经成为当前发展经济学领域的一个重要趋势。收入不平等的减少与经济可持续增长之间的正向关系不仅得到了学术界的承认，而且也得到了公共政策和发展政策执行机构的认同（Jozan，2013）。基于此，笔者认为，共享式增长无法通过"涓滴效应"和"扩散效应"自动取得，要实现共享式增长，必须通过合理的公共政策尤其是财政支出政策,在促进经济增长(进而提高居民平均收入)的同时,着力改善收入不平等状况,从而解决经济增长成果的共享问题。

综上所述,笔者的理论意义主要体现在:一是对共享式增长的相关文献进行全面综述,梳理出共享式增长研究的主要路径。二是全面阐述财政支出影响共享式增长的作用机制。三是在"支出—增长—不平等"的发展经济学框架下,实证考察我国的财政支出总量与结构的增长效应和分配效应以及对共享式增长的综合影响。

与共享式增长理论演进相伴的是,共享式增长逐渐为国际社会所认同,几乎所有重要的国际组织都不同程度地开展了共享式增长的研究和政策行动。共享式增长理念在全球勃兴的实践背景是,伴随着全球化的深入发展,世界在享受高增长的同时,也在经历着经济增长成果分配不平等的状况。在过去二十年里,收入不平等程度的提高几乎是一个全球现象(Lee等,2013;薛进军,2013;OECD,2014)。Kanbur等(2014)认为,技术进步、全球化、市场化改革是过去二十年经济快速增长的关键驱动因素,但这些因素也具有巨大的分配效应。综合来看,这些因素更加青睐高技能劳动力(而非低技能劳动力)、资本(而非劳动)、城市和沿海地区(而非农村和内陆地区),这些改变能解释收入不平等的很大一部分。OECD(2014)总结了发达国家和发展中国家收入不平等程度提高的几个共同的原因是:全球化进程、技术进步、税收和财政补贴等再分配机制作用的弱化。而对于发展中国家而言,教育可获得性欠缺和社会保障体系不完善是一个重要原因。

表1.7 发达国家与发展中国家收入不平等产生原因

发达国家收入不平等产生原因	发展中国家收入不平等产生原因
• 全球化和进口竞争影响了低收入工人,降低了低技能劳动力的需求 • 技术进步更加有利于高技能劳动者 • 产品市场和劳动力市场的竞争,提高了就业机会,但也增加了工资收入不平等 • 兼职和非正式劳动合同的流行,使青年人和妇女通常只能从事兼职工作,获得更低的工资 • 家庭结构的变化,家庭人口少,难以从共同储蓄中获益 • 资本报酬的提高将增加家庭收入不平等 • 金融深化扩大不平等,穷人受信贷约束 • 90年代中期之后,税收和补贴体系的再分配功能减弱	在发达国家收入不平等产生原因的基础上,还有一些其他因素: • 非正规就业的劳动人口从事收入低、生产率低的工作,无法参加社会保障网 • 经济产出的空间差距,比如城乡和区域发展不平等 • 高质量教育和技能的可获得性较差 • 税收和补贴体系的作用更小 • 社会保障体系不完善

资料来源:OECD. "All on board: make inclusive growth happen", OECD Publishing: Paris, 2014.

结合对收入不平等驱动因素的分析，国际社会将共享式增长作为应对收入不平等恶化、实现经济增长和减贫可持续性的重要手段纳入了政策议程。尽管对共享式增长定义和议题范围的界定有所区别，但联合国、世界银行、经合组织、亚洲开发银行、非洲开发银行、亚太经合组织、欧盟等几乎所有重要的国际性和区域性组织都将共享式增长作为发展战略的重要组成部分，采取了一系列政策行动，部分组织还提出了共享式增长的监测指标。

表1.8　　　　　　　　　　　　　共享式增长的国际实践

国家或组织	定义	核心议题	行动	监测指标
联合国开发计划署（UNDP）	包括过程和结果两个方面，前者是指确保每个人能够参与增长过程，后者是指确保每个人都能公平共享增长成果。	减少贫困；平等参与；公平共享增长成果。	2004年成立国际贫困问题研究中心（后更名为共享式增长国际政策研究中心）；建立共享式增长知识共享网络。	—
世界银行（WB）	使人们能够贡献并获益的经济增长，既关注增长速度，也关注增长方式。	生产性就业；绝对意义上的益贫式增长；政府扮演促进角色的市场驱动型增长。	组织增长与发展委员会，发布相关研究报告；成立共享式增长分析小组，制定共享式增长分析指南，发布部分国家共享式增长报告；2014年公布新的目标：终结绝对贫困和促进共享繁荣。	占总人口40%的低收入阶层的平均收入相对增长率；绝对贫困率。
经合组织（OECD）	提高生活水平和质量（比如好的健康、工作和技能、清洁环境）的强劲经济增长。	贫困；收入分配；社会融合；生活水平；地区差距；平衡增长。	启动包括定义与测度、实施两个阶段的共享式增长项目；2012年与世界银行联合发布《促进共享式增长：挑战与政策》报告；2013年4月专门组织共享式增长研讨会；2014年6月，发布共享式增长技术文件。	包括收入、住房、环境等指标在内的美好生活指数。
亚洲开发银行（ADB）	机会均等的增长。	能够创造高生产率的工作和经济机会的高速可持续增长；确保平等获得经济机会的社会包容；缓解暂时生活冲击并预防极端贫困的社会保障网。	将共享式增长、环境可持续发展和区域一体化作为长期发展战略重点（2008—2020）；2009年开始公布各成员国共享式增长监测指标；2014年以财政政策与共享式增长为主题发布《亚洲发展展望》。	包括35个指标在内的共享式增长监测指标。

续表

国家或组织	定义	核心议题	行动	监测指标
非洲开发银行（AFDB）	在公平、公正、政治民主的环境下，为更多人口、地区或国家提供更多的、可持续的经济社会机会，并保护弱势群体的经济增长。	就业创造，并提高就业竞争力；基本公共服务与基础设施的可获得性与公平性；商业机会可获得性；政府回应性；区域整合；社会保护与包容；生产性知识可获得性；农业生产率。	将共享式增长和绿色增长作为非洲开发银行（2013—2022）的两大战略目标，并建立了监测指标。	贫困线（1.25美元/天）以下人口；人均GDP；收入不平等（基尼系数）；总体失业率；青年失业率；妇女失业率。
亚太经合组织（APEC）	使所有人有机会参与、受益于全球经济增长，并能够作出自己的贡献。	促进就业，活跃劳动力市场；促进中小微企业发展；促进普惠金融；提高社会福利；为弱势群体创造经济机会。	2010年发布《APEC发展战略》，将促进平衡、共享、可持续、创新和安全的经济增长作为该组织的长期战略目标，并于2015年报告阶段性战略落实情况。	—
欧盟（EU）	带来高就业以及经济、社会和地理融合（cohesion）的经济增长。	更多的就业机会；通过技能和培训的投资，帮助所有人参与经济增长；劳动力市场和社会福利体系的现代化；确保增长为所有成员国共享。	2010年制订《欧洲2020》战略计划，将精明增长、可持续增长和共享式增长视为优先战略，制订了新技能和工作行动方案，设立欧洲反贫困和社会排斥平台。	2020年，成年人就业率达到75%；辍学率降至10%；贫困和社会排斥人口减少2000万。
印度	基础广泛并确保机会均等的快速经济增长。	快速经济增长；减少贫困；创造就业机会；增加教育医疗的可获得性；赋予权能；良好的治理。	将共享式增长作为印度十一五规划（2007—2012）和十二五规划（2012—2017）的核心发展战略。	GDP增长率；农业GDP增长率；贫困线以下人口；失业率；农村地区人均收入；小学净入学率。
菲律宾	足够快速的增长，能够创造就业机会、持续减少贫困。	快速经济增长；减少贫困；有效的社会保护。	将共享式增长作为国家发展规划（2011—2016）的核心目标。	贫困发生率；年均GDP增长率；基尼系数；失业率；地区差异；社会安全网。

资料来源：作者根据相关文献自行整理。

在中国，改革开放以来的发展实践直接说明了高速的经济增长并不会自动惠及所有人尤其是穷人等弱势群体。共享式增长是应对高速增长和增长成果共享"背离"关系的重要措施。实际上，共享式增长与科学发展观、建设和谐社会、实现"中国梦"是一脉相承的。科学发展观第一要义是发展，核心是以人为本，共享式增长强调经济增长过程中的参与和分享，尤其是人的全面发展，是体现科学发展的经济增长方式。共享式增长涉及的减贫、生产性就业、社会公平、缩小收入差距等议题，都是建设和谐社会的应有之义，与和谐社会的基本特征相一致。2013年3月，习近平总书记在系统阐述"中国梦"时提到：使发展成果更多更公平惠及全体人民，在经济社会不断发展的基础上，朝着共同富裕方向稳步前进。可见，促进共享式增长与实现"中国梦"在战略路径上具有高度的统一性。

当前，我国经济发展进入高速增长转为中高速增长的新常态，更加注重经济增长的质量和效益，促进国民经济由中低端向中高端升级。共享式增长强调经济增长的可持续性和增长成果的公平共享，是在新常态下具备适应性和可行性的经济增长方式，原因在于：一是共享式增长注重同步提升居民平均收入，有助于进一步释放消费潜力，继续夯实消费在经济增长中的基础作用；二是共享式增长强调改善收入不平等状况，促进社会公平，为经济增长提供一个良性的、稳定的经济社会环境，避免收入不平等持续高位给经济增长带来的各种阻梗；三是共享式增长强调广大社会群体对经济增长过程的共同参与，并要求政府加大教育、医疗等社会民生领域的投入，这有助于加快经济增长由物质资源消耗向增强劳动者素质、提高劳动生产率、促进人力资本积累转变。

实践和理论表明，政府在促进共享式增长过程中扮演着关键角色。尽管增长很大程度上必须由充满活力的私营部门驱动，但仍然存在许多市场不能有效运作的情况，政府的核心角色是通过消除市场、制度或政策失灵造成的障碍来发展和维持对商业投资有利的环境，同时通过投资于教育、医疗和其他基本公共服务确保人们平等获得机会。基于此，亚洲开发银行提出了共享式增长的三大政策支柱，全面概括了政府在促进共享式增长过程中扮演的关键角色。其中，支柱一是能够创造高生产率的工作和经济机会的高速、高效的可持续增长；支柱二是确保平等获取经济机会的社会包容：投资于教育、医疗和其他社会服务，以扩展人力能力；消除市场和制度失灵以及社会排斥，以确保公平竞赛；支柱三是缓解暂时的生活冲击的影响并预防极端贫困的社会保障网。

既然政府在促进共享式增长过程中扮演着关键角色，财政支出作为政府治理的重要手段，既具有增长效应，也具有分配效应，因此也被认为是实现共享式增长的关键性手段。然而，当前我国在财政支出总量和结构方面还存在一些问题，与促进共享式增长的要求不相符合，如何调整财政支出以促进共享式增长是一个亟待解决的重大问题。

综上所述，研究的现实意义主要体现在：一是构建一个将增长与不平等纳入统一测度框架的共享式增长指数，并测量改革开放以来我国经济增长的共享程度和省域经济增长的共享程度；二是在"支出—增长—不平等"的分析框架下，尽可能克服2007年财政收支分类改革带来的数据口径不一致问题，深入分析财政支出总量和结构对共享式增长的影响程度和作用方向，为改进财政支出总量和结构提供经验依据。

1.2　技术路线、研究方法与结构安排

笔者沿着"提出问题—分析问题—解决问题"的思路，形成"研究背景—研究任务—文献综述—理论分析—实证分析—结论与政策建议"的技术路线（如图1.1所示）。笔者主要采用以下研究方法：

（1）理论研究与实证分析相结合。本书在概念界定和文献综述的基础上，在"支出—增长—不平等"的分析框架下，综合运用发展经济学、福利经济学、经济增长理论、财政支出理论等经济和财政理论，深入探讨财政支出对经济增长、收入不平等以及共享式增长的影响机制，并结合机制分析，利用WDI、SWIID、《中国统计年鉴》等数据资料，建立财政支出、收入不平等、经济增长、共享式增长的跨国和分省数据库，运用面板向量自回归（PVAR）等计量方法，研究财政支出总量和结构对于共享式增长的综合影响和具体机制。

（2）时序比较与国际比较相结合。为全面考察不同层次、种类的财政支出对共享式增长的综合影响，笔者利用我国的时间序列数据和分省面板数据，尽力克服由于2007年我国政府收支分类改革带来的财政支出数据口径不一致的问题。同时，利用WDI和SWIID等跨国数据，对财政支出总量和结构、收入不平等、再分配效果进行国际比较。

笔者各章节内容安排如下：

第1章为导论。在共享式增长的国际实践背景下，深入分析改革开放以来我

国在经济增长以及增长成果共享方面的成绩，指出共享式增长不仅是当前国际社会应对全球性收入不平等扩大现象的药方，也是我国跨越中等收入陷阱，实现经济可持续发展与社会和谐的重要手段。财政支出既有增长效应，也有分配效应，在促进共享式增长方面能够发挥重要作用。本章还对本书的技术路线、研究方法和主要概念进行了阐述。

第2章为文献综述。在"支出—增长—不平等"的发展经济学分析框架下，对共享式增长概念与测度、经济增长与收入不平等相互关系、财政支出与经济增长、收入不平等的关系、财政支出影响共享式增长等方面的文献进行全面综述。总结共享式增长的主要研究路径，对现有文献尤其是财政支出影响共享式增长的文献进行了简要评价，对笔者如何补充现有文献研究空白进行了说明。

第3章为理论分析。本章首先分析了论文研究的理论起点—经济增长与收入不平等的相互关系，理论上说明了经济增长和收入不平等存在兼容关系，而财政支出是协调经济增长和收入不平等关系，进而影响共享式增长的重要因素。在此基础上，对财政支出对共享式增长的影响机制进行了全面梳理。全面清晰的机制分析为实证检验和政策建议奠定了坚实基础。

第4章为现状分析。利用WDI等跨国数据和中国统计数据，对我国的财政支出情况与发达国家、新兴经济体、金砖国家等进行了多维度、多层次的国际比较，发现我国财政支出无论在总量上还是结构上都有一定的调整空间，通过财政支出促进共享式增长具有很强的现实性和可操作性。此外，还参考阿玛蒂亚·森提出的社会福利指数和脱钩指数方法，构建了一个将增长与不平等纳入统一测度框架的全新共享式增长指数（IGI指数），并利用1978—2014年的全国时序数据和1995—2013年的分省数据，对我国经济增长的共享程度、省域经济增长的共享程度进行了测度和分析。

第5章为实证分析。首先，通过数据归并方法，解决由于2007年政府收支分类改革造成的财政支出数据口径不统一问题。然后，运用面板向量自回归（PVAR）模型和1995—2013年的省级面板数据，实证分析了财政支出对经济增长和收入不平等的具体影响、各分项财政支出对共享式增长的综合影响以及财政支出作用在不同区域的差异。

第6章为研究结论和政策建议。结合文献综述、理论分析和实证研究，系统总结笔者的主要结论。在此基础上，提出了适当扩大财政支出总量、优化财政支出结构、推动相关配套措施等政策建议，并对未来研究进行了展望。

此外，附录部分列出了计算1978—2014年全国共享式增长指数、1995—2013年省域共享式增长指数所需要的人均实际收入、基尼系数、社会福利值等数据和具体计算结果，还列出了实证分析部分的所有面板单位根检验、模型稳定性检验、滞后阶数选择等数据。

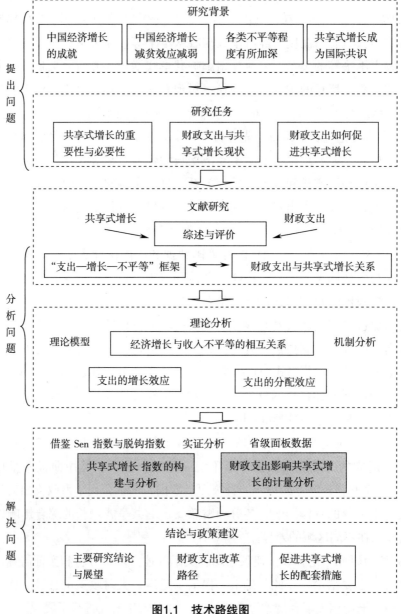

图1.1 技术路线图

1.3 主要概念界定

1.3.1 共享式增长

尽管日益成为理论界和实务界的关注焦点,由于共享式增长理念形成和理论发展的时间比较短,迄今并未形成统一和公认的定义。但是对于其基本含义和核心维度还是能找出一些共性的线索:一是都将经济增长作为共享式增长的条件,正如Klasen(2010)所指出的,增长是共享式增长的必要条件,也没有"共享式萎缩"(Inclusive Contraction)的说法;二是强调经济增长的共享特征,共享程度可以用经济增长的结果(比如收入分配、社会福利)衡量,也可以用经济增长的过程(机会平等、生产性就业)衡量,或者是结果与过程兼顾;三是强调经济增长和共享应该统一考量,不能割裂来看,单独讨论经济增长或者增长的共享程度都不是一个完整的、系统的研究。关于共享式增长的界定与争议,笔者将在文献综述中进行更全面的阐述。

为使议题更加集中,并便于机制分析和共享式增长指数的定量分析,笔者将主要从经济增长以及经济增长的结果两个维度,对共享式增长进行界定,即共享式增长就是保持经济增长的同时,同步提升居民平均收入,并改善收入不平等状况,从而最大程度提升社会福利。值得注意的是,近年来,越来越多的文献(Anand等,2014;Taskin,2014;徐俊武,2014;Son,2014;Sen,2014;Hur,2014)采用了"增长—不平等"分析框架进行共享式增长方面的研究,笔者将沿着这一框架进一步深化共享式增长研究[①]。

---

① 需要指出的是,笔者不对"共享式增长"(Inclusive Growth)和"共享式发展"(Inclusive Development)作进一步的区别。理由是,笔者在讨论经济增长的同时,已经讨论了收入不平等、贫困等议题,并初步将范围从收入维度延伸至非收入维度,比如教育、医疗卫生和社会保障等。

表1.9　　　　　　　　　　　　　共享式增长的核心议题

维度	增长	不平等	贫困	生产性就业	能力与赋权	基础设施	社会保护	参与	机会	增长受益
Kakwani和Pernia（2000）	√	√			√					
Kraay（2004）		√	√							
Kakwani和Son（2004）	√	√	√							
Bhalla（2007）			√	√	√					
Ali和Son（2007）		√							√	
Son等（2008）	√	√	√							
Lanchovichin（2009）	√		√	√						
Habito（2009）	√		√							
Klasen（2010）	√	√							√	
Rauniyar和Kaubur（2010）	√	√			√		√	√	√	√
McKinley（2010）	√	√		√	√	√	√			
Ranieri和Ramos（2013）	√							√	√	
Anand等（2014）	√	√								√
Sen（2014）	√	√	√							√
Taskin（2014）	√	√								
Hur（2014）	√	√								

资料来源：作者自行整理，部分内容参考Ranieriand Ramos, "Inclusive growth: building up a concept", International Policy Centre for Inclusive Growth Working Paper No.104, 2013。

1.3.2　财政支出及其分类

财政支出（fiscal expenditure）是以国家为主体、以财政事权为依据进行的财政资金分配活动，集中反映了国家职能活动范围以及所发生的耗费。财政支出也被称为政府支出（government expenditure）或者公共支出（public expenditure）。尽管三者之间在涵盖范围和数据口径上存在一定的区别，但笔者不作特别区分。按照经济性质、政府职能和产生效益的时间可以将财政支出分为不同类型。

表1.10　　　　　　　　　　财政支出主要分类一览表

经济性质分类	购买性支出		转移性支出
	投资性支出	消费性支出	社会保障支出 财政补贴 税收支出
	农业支出 基础设施投资 基础产业支出	行政管理支出 国防支出 文教科卫支出	
政府职能分类	经济性支出	社会性支出	一般性支出
	工业支出 农业支出 基础设施支出	公共教育支出 公共卫生支出 社会保障支出 科技支出	行政管理支出 国防支出 公共秩序与安全支出
产生效益的时间分类	经常性支出		资本性支出
	商品和服务支出 利息支付 补贴与其他经常性转移支付		现存的和新的固定资产购置 土地和无形资产购买 资本转让 存货购买

注：1.经济性质分类来源：陈共：《财政学》，北京，中国人民大学出版社，2009。

　　2. 政府职能分类来源：桑贾伊·普拉丹（Sanjay Pradhan）：《公共支出分析的基本方法》，北京，中国财政经济出版社，2000。

　　3. 产生效益的时间分类来源：陈共：《财政学》，北京，中国人民大学出版社，2009。

Pradhan（2000）指出，在财政支出的政府职能分类和其他分类之间，财政支出的分析应该首先从职能分类入手。因为这一分类的各个支出项目具有比较单一的功能。笔者侧重于考察不同财政支出对于共享式增长的影响，并基于理论和实证结果，对政府的财政支出政策提供建议和参考。因此，在兼顾数据可得性的前提下，笔者主要采取政府职能分类的方法，将财政支出分为经济性支出、社会性支出和一般性支出，并根据研究需要对三类支出进行进一步细分。需要指出的是，2007年我国进行了政府收支分类改革，将之前经济分类与职能分类相结合的分类方法转变为与国际主流分类相一致的职能分类方法。在数据统计口径上，与2007年之前不能一一对应。这也给有关财政支出的实证研究带来了一定的困难。笔者参考已有文献的做法，对相关数据进行归并处理，试图最大程度克服口径不一致的影响，描绘出不同层级、不同类别财政支出影响共享式增长的全景式图画[①]。

———————————

① 关于笔者的数据归并处理方法和统计口径详见第5章的数据说明部分。

1.4 创新与不足

笔者的主要创新在于：

一是紧跟共享式增长实践和研究最前沿，对共享式增长的国际实践、研究文献进行了全面回顾和总结，相关文献和数据时效性强，为进一步开展相关研究提供了良好的研究资料和数据积累。

二是从理论上对财政支出对共享式增长的影响机制进行了深入剖析，将影响机制归纳为增长效应和分配效应，并对不同类型财政支出的增长效应和分配效应进行了探讨。而缺少全面的机制分析正是现有文献的一个缺陷。

三是结合阿玛蒂亚·森的社会福利指数和脱钩指数方法，构建了一个将增长与不平等纳入统一测度框架的全新共享式增长指数（IGI指数），并利用1978—2014年的全国时序数据和1995—2013年的分省数据，对我国经济增长的共享程度、省域经济增长的共享程度进行了测算。无论从测算结果的时效性，还是数据覆盖的全面性，都是对现有文献的重要补充。

四是鉴于我国2007年启动了政府收支分类改革，财政支出在2007年前后统计口径发生了重大变化，无法一一对应，笔者将2007年前后在口径上可以归并的部分财政支出数据（公共教育支出、公共卫生支出、社会保障支出、公共投资支出、经济事务支出 、国防和公共安全支出）进行归并，形成全国层面1978—2014年、省级层面1998—2013年的具有可比性、较为完整的财政支出数据，尽量规避2007年支出口径变化对实证结果的影响。在分析的支出种类数量和数据可靠性方面，与现有相关文献相比，都有一定突破。

五是在解决数据口径不统一问题的基础上，运用面板向量自回归（PVAR）模型，不仅分析了财政支出对经济增长和收入不平等的具体影响（即增长效应和分配效应），还分析了财政支出总量和分项财政支出对共享式增长的综合影响以及财政支出作用在不同区域的差异。这与目前国内大多数研究侧重于财政支出总量和某一类分项支出对经济增长和收入不平等的实证研究有所不同。

尽管笔者具有一定的创新性，但还是存在以下不足，在今后的研究中应该对以下不足进行改进，进一步提高研究结论的可靠性和科学性。

一是考虑到议题集中性和数据可得性，笔者利用阿玛蒂亚·森的社会福利指数衡量社会福利，并将其变化率作为共享式增长指数分子部分，但利用人均收入与基尼系数计算福利值，本质上只衡量了经济福利，而并非全面意义上的社会福利。笔者仅从收入维度对共享式增长进行测度，没有对我国的共享式增长进行涵盖收入和非收入维度的、全面的测度。在今后的研究中，应该将分析拓展至非收入维度。

二是笔者构建的共享式增长指数计算有赖于人均收入和基尼系数，但这两个重要变量并没有权威的、直接的数据来源，都需要利用城乡分开的统计数据进行计算，而且在统计和计算方法方面在学术上还存在较大争议。因此，可能导致实证结果存在一定偏误。在今后的研究中，可考虑使用更为准确的统计数据尤其是微观住户调查数据，并采用更先进的计算方法，改善实证数据质量。

三是作为财政政策重要组成部分的税收政策对经济增长和收入分配都有重要影响，因此，在促进共享式增长方面，税收政策和支出政策都发挥着重要作用，而且由于财政收支两端的关联性，两种政策的相互配合和协调对于促进共享式增长至关重要。笔者主要侧重于财政支出政策，因此，在实践指导性方面还存在一定欠缺。

四是尽管笔者采取数据归并处理的方法，将2007年前后在口径上可以归并的部分财政支出数据进行归并，尽可能涵盖更多分项财政支出，但囿于数据所限，仅分析公共教育支出、公共卫生支出、社会保障支出、公共投资支出、经济事务支出、国防和公共安全支出等几类支出。一些理论和实践都关注的重要支出类型，比如支农支出、行政管理支出等没有进行讨论，这是笔者的一个不足。

第2章 文献综述

2.1 共享式增长相关研究

近年来，随着共享式增长理念的兴起，国内外理论界对共享式增长都予以高度关注。综合国内外文献，共享式增长主要沿着两条研究路径展开。一是从发展经济学和福利经济学的理论出发，基于不同社会福利函数的选择，主要围绕经济增长与总体社会福利、经济增长与不平等、经济增长与贫困、经济增长与不平等和贫困等四个关联紧密的议题展开研究。二是从发展经济学和机会公平的理论出发，基于社会机会函数分析，围绕经济增长与机会平等相互之间的关系展开研究。这两条研究路径在共享式增长的概念界定、基本思路、量化指标以及相关的数据要求等方面存在一定的区别。但从本质上来说，不论是强调结果平等（比如，收入不平等、人类发展不平等、收入贫困、人类贫困等），还是强调机会平等，本质上仍然是在经济增长的条件下，关注经济增长成果的分配问题，即经济增长模式与经济增长速度同样重要（世界银行，2009）。只是前者侧重于对最终分配结果的考察，后者侧重于对分配过程的考察。从现有研究看，两条路径并非"泾渭分明"，而是日益显出融合的趋势。对分配结果的考察，不可避免涉及对分配过程的分析，尤其是当理论研究需要指导共享式增长实践时，必须对不同分配结果相对应的分配过程（这其中非常关键的问题是机会平等问题）进行分析；对分配过程的考察，最终还是要落脚于分配的结果，即如果只强调机会平等，而不关注机会平等对结果平等和不平等的影响（特别是以绝对贫困率或极高基尼系数等指标衡量的绝对结果不平等），那么机会平等论的实践价值将大打折扣。从开展理论探讨和学术研究的角度，第一条研究路径在概念界定、量化可行性、数据可得性方面具有相对优势，而且当研究延伸至以阿玛蒂亚·森（1981）等提出的可行能力不平等和人类贫困时，第一条研究路径实际上已经涵盖了第二条研究路径所强调的机会平等问题。从这个角度看，两条研究路径实际上是殊途同归的，都属于发展经济学研究的范畴。基于上述两条逐步融合的研究路径，现有文献主要围绕共享式增长的概念、共享式增长的重要性、共享式增长的度量与比较三个方面的主题开展研究。笔者也将从以上三个方面，对现有文献进行综述和评价。

表2.1　　　　　　　　　　　　共享式增长的研究路径

理论起点	研究路径		基本思路	代表性研究	量化指标	数据要求	评价
福利经济学和不同社会福利函数的选择	经济增长与社会福利	经济增长与总体福利	以社会福利提升程度衡量经济增长成果共享程度	OECD（2014）	脱钩指数 OECD better life指数	宏、微观数据	易量化 收入维度和非收入维度 关注增长与共享的协调
		经济增长与不平等	经济增长的同时降低收入不平等	Anand等（2014）	Anand指数 Sen指数 经不平等调整的HDI指数	宏、微观数据	易量化 单一收入维度 关注分配
		经济增长与贫困	经济增长的同时降低贫困率	徐俊武（2013） Habito（2009）	益贫式增长指数	宏、微观数据	易量化 单一收入维度 关注穷人
		经济增长与不平等、贫困	经济增长的同时降低收入不平等和贫困率	Sen（2014） Das-Gupta（2014）	Sen简单平均指数	宏、微观数据	易量化 单一收入维度 关注穷人和分配
机会平等理论和社会机会函数	经济增长与机会平等		促进机会平等的经济增长	Ali和Son（2007）	社会机会指数	微观数据	不易量化 机会与结果平等难区分 关注机会平等

资料来源：作者自行整理。

2.1.1 共享式增长的概念

从现有文献和实践看，关于共享式增长的界定，主要有以下几种代表性观点。一是延续益贫式增长的概念，将共享式增长界定为有利于穷人的经济增长，这种定义的侧重点是共享式增长的结果维度。比如，Habito（2009）将共享式增长定义为降低贫困的经济增长。

二是与益贫式增长类似，从结果维度考虑经济增长的共享特征，将共享式增长定义为伴随不平等程度下降（收入或非收入维度）的经济增长。比如，Rauniyar和Kaubur（2010）将共享式增长定义为不平等减少的增长；Anand等（2014）和Taskin（2014）在增长和不平等的理论框架下讨论共享式增长，并构建了综合考虑增长与不平等情况的共享式增长指数。

三是强调经济增长过程中的机会平等，将共享式增长定义为伴随机会均等的经济增长，这种定义关注的是共享式增长的过程维度。比如，亚洲开发银行（2007）将共享式增长定义为机会均等的增长，强调经济机会、社会包容和社会保障网的重要性。Ali和Son（2007）基于John Roemer的机会平等理论，进一步提出共享式增长旨在促进机会的平等以及平等机会的可获得性，允许社会所有成员都能够平等地参与到经济增长、贡献于经济增长，并共享经济增长的成果，而忽视个人环境的影响。

四是将共享式增长定义为促进机会均等和利益共享的经济增长。这种定义强调的是共享式增长的过程和结果维度。联合国开发计划署、世界银行、经合组织、非洲开发银行、亚太经合组织等国际组织、Kakwani和Pernia（2000）、林毅夫等（2008）、Klasen（2010）、McKinley（2010）、任保平等（2011）、Ranieri和Ramos等（2013）都采用了类似的定义。

仔细分析上述四种观点，可以看出，关于共享式增长概念的主要争议在于是用过程论的观点，还是用结果论的观点，抑或是兼顾过程论和结果论的观点。笔者认为，这几种观点都有其理论意义和实践意义。从结果论看，无论是有利于穷人的增长，还是不平等减少的增长，都是强调经济增长成果的共享，区别在于是关注穷人这个特定社会阶层，还是关注更广泛意义上的社会群体，结果论的优点在于：议题比较集中，共享式增长更容易测度，因而也更加适合进行理论研究和实证研究，结果论定义下的共享式增长研究主要是沿着"增长—不平等—贫困"和"增长—不平等"这两个发展经济学的分析框架展开，这也是为什么在理论研究中以结果论作为共享式增长定义的文献比较多，而且构建数理模型和量化指标更为可行。从过程论看，主要强调机会平等的经济增长，将结果不平等和机会不平等区分开来，一方面承认市场条件下结果不平等存在的合理性以及适度结果不平等的正向激励作用，另一方面关注经济增长过程中的公平参与机会，致力于消除机会不平等。显然，过程论是在政策实践中更容易贯彻的理念，市场机制是主导，政府的作用在于给经济主体提供公平竞赛的环境，而对于理论研究来说，过程论更难量化，议题也更加分散，因为机会本身就是一个多维概念，而且机会本质上是一种可能性，而不是现实，因而比结果更难观察和量化（世界银行，2006）。此外，结果不平等和机会不平等由于存在代际传递的原因，实际上从长期来看，是难以完全区分开来的（Rauniyar和Kanbur，2010）。具体来说，作为父母努力回报的收入在很大程度上将决定下一代的机会，收入不平等是机会不平等的一个重要决定因素，而机会不平等又会恶化收入不平等。机会不平等与收入不平等的紧密联系使得政策制定者必须统筹考虑两者，如果由于当代的机会不平等导致收入不平等，进而转化为下一代的机会不平等，政策制定者需要付出双倍努力以切断父母收入与孩子教育机会的联系（ADB，2012）。在这一点上，学者们已经有了很多的论述。Stigliz（2013）指出，不同国家都存在着这一格局，即更大的（收入）不平等导致更少的机会平等，更少的机会平等导致更多的（收入）不平等，他将这种双向影响关系总结为"逆向动态"（adverse dynamics）和"恶性循环"（vicious circles）。Bastagli等（2012）通过实证研究也发现，较低的收入不平等对于促进在经济、社会、政治资源方面的机会平等十分重要。Sen（2014）则直接指出，机会平等是共享式增长的决定因素，是共享式制度的结果，但并不是共享式增长本身。Barros，Ferreira，Vega和Chanduri（2009）利用39个国家的微观家庭调查数据和人类机会指数（HOI）的构建方法，计算出各国的人类机会指数，研究发现收入不平等与机会不平等之间存在高度相关性，收入不平等水平高的国家，机会不平等水平也更高。

从兼顾过程与结果的观点看，在政策实践中容易形成"决策（根据结果不平等）—执行（关于机会不平等）—调整与评估（监测结果不平等）"的政策执行闭环，在议题上也更加全面和系统，但与结果论一样，存在量化难度大的问题。综上所述，结果论相对来说更符合理论研究和实证量化要求，而过程论和两者兼顾的观点则更加适合于政策实践和政策评估。这一点也能从持有不同共享式增长定义的学者和机构性质看出端倪，多数学者在理论研究中使用结果论来定义共享式增长，而多数国际组织和政府机构更倾向于使用过程论和两者兼顾的观点。

同样是结果论的观点，益贫式增长和关注不平等的增长既有联系，也有区别。Rauniyar和Kanbur（2010）指出，共享式增长是伴随不平等降低的经济增长，这个定义接近于相对益贫式增长的概念，但也有一定的区别，相对益贫式增长关注穷人与非穷人之间的收入不平等减低，而共享式增长考虑的是更宽泛的收入不平等降低。Klasen（2010）则回避了共享式增长的具体定义，而从结果论的角度，将不平等与贫困作为共享式增长的核心议题，提出共享式增长具有以下几个特征：一是允许社会所有成员参与并贡献于经济增长，尤其关注提高贫困和弱势群体参与经济增长的能力；二是降低在非收入维度的人类福祉（well-being，如健康、教育、营养、社会融合）方面的不平等，这对于获取经济机会十分重要；三是正的人均收入增长率；四是弱势群体的基本收入（税前收入、自雇用收入）增长至少应该与社会人均收入增长率相同，这意味着这些群体能够同比例地参与经济增长过程；五是弱势群体的非收入维度（教育、健康、营养等）的福利超过平均增长率，确保收入增长的同时，减少弱势。

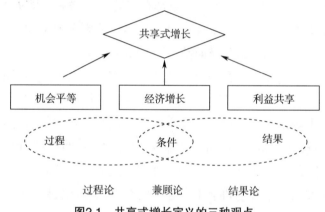

图2.1　共享式增长定义的三种观点

2.1.2　共享式增长的重要性

自共享式增长提出以来，逐渐为国际社会所认同，众多发达国家和发展中国家极为重视的发展战略。根据Thomas（2011）的总结，共享式增长之所以重要，主要基于以下几个方面的原因：一是增长、不平等和贫困有着紧密联系，更具共享特征的经济增长，将更加有利于减贫；二是共享式增长有利于维护经济稳定和社会和谐；三是更高的共享程度将更有利于增长本身，没有更大程度的共享，将无法保证经济增长的可持续性。

（1）共享式增长有助于减贫。许多学者在"增长—不平等—贫困"的发展经济学框架下，在理论上证明了经济增长和不平等对于减贫的重要作用，尤其是提出了收入不平等对于增长的减贫效应的影响机制，从而将共享式增长视为益贫式增长的"升级版"。White和Anderson（2001）、Bourguignon（2004）认为，在增加贫困人口收入方面，收入分配跟经济增长一样扮演着重要角色，甚至更为重要。Rauniyar和Kanbur（2010）认为，减贫速度不仅取决于经济增长的速度，还取决于增长成果是如何分享的。Perkins（2013）认为，如果一个经济体处于增长状态，并且其不平等程度保持不变，那么穷人的收入就会随着所有人收入的增加而增长。Bourguignon（2013）提出，扶贫和减贫所要求的不仅仅只是增长，它还要求一种能惠及所有人的共享式增长。蔡荣鑫（2010）利用一个简易框图直观地说明了经济增长、收入不平等与贫困之间的互动关系。如图2.2所示，C_0为期初收入分布曲线，假定期初人均收入较低，分布相对平均，位于贫困线以下的人口比重较高。如果收入分配格局保持不变，经济增长使收入分布曲线由C_0向右平移至C_1，所有人口的收入高于贫困线。但如果经济增长的同时，收入分配有所恶化，即期初收入分布曲线C_0右移的同时，变为相对平坦的C_2。可见，尽管经济增长增加了平均收入，但由于收入不平等程度的提高，导致仍然有一定比重的人口在贫困线以下，贫困发生率为B。综上，如果经济增长的同时，收入不平等状况严重恶化，就可能出现贫困率不变甚至增加的情况。在给定平均收入水平的条件下，较高的收入不平等程度会导致更高的贫困率；而在给定的经济增长率（收入增长率）的条件下，收入不平等程度提高意味着经济增长减贫效应有所降低。因此，从减贫的角度看，理想的状况是在经济增长的同时，保持收入不平等状况稳定或者下降。

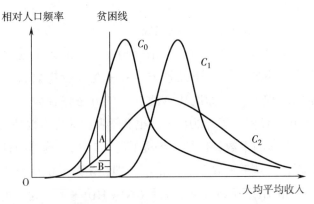

资料来源：蔡荣鑫：《益贫式增长模式研究》，北京，科学出版社，2010。

图2.2 经济增长与收入不平等对贫困的影响

（2）共享式增长有助于经济稳定和社会和谐。Huang和Quibria（2013）认为，从社会和政治意义上说，共享式增长能够为可持续增长提供一个更加稳定的社会环境，能够比排斥性社会产生更好的经济和政治绩效。Son（2014）认为共享式增长是一种不平等减少的经济增长，从而确保经济增长的成果能够为人们公平共享。ADB（2014）认为，扩大的收入不平等并非只是个社会公平问题，如果对不平等置之不理，它将破坏社会和政治稳定，而这是可持续经济增长的基础条件。因此，政府必须致力于扩大经济机会的可获得性，使最广大的社会群体包括穷人能够共享增长的成果。

（3）共享式增长有助于经济增长的可持续性。Ianchovichina和Lundstrom（2012）认为，提高共享程度是确保经济增长可持续的重要条件，这是因为长期的增长需要提高劳动力人口的经济参与度以及扩展增长来源。Perkins（2013）提出，经济增长成果的共享是发展过程中的关键，没有经济增长的公平分享，就不可能有经济的可持续发展和贫穷的减少。Huang和Quibria（2013）认为，从经济意义上说，共享式增长关注扩大国内需求的基础，确保经济增长更具可持续性。

2.1.3　共享式增长的测度与比较

在不同的研究路径和概念界定下，共享式增长都是一个复合概念。对其进行测度，不论在理论上还是实践上都是一个难题。从构建的基本思路看，主要是沿着上文总结的两条共享式增长研究路径：一是基于不同社会福利函数的选择，主要围绕经济增长与总体福利、经济增长与不平等、经济增长与贫困、经济增长与不平等和贫困等四个关联紧密的议题进行指数构建。二是基于社会机会函数分析，围绕经济增长与机会平等相互之间的关系进行指数构建。从构建的方法上看，主要包括以下几种方法：一是综合指数法，将不同维度的指标通过一定的赋权方法、标准化方法和合成方法综合为一个或若干个指数（McKinley，2010；任保平等，2011），也有学者在综合指数基础上对指数进行改进，构建为一个新的指数，比如，杨爱婷等（2012）构建的社会福利与经济增长的脱钩指数。二是不平等系数调整法，即在衡量经济增长或者福利增长的指标基础上（比如GDP、人均GDP、人均GNI、HDI等），利用衡量不平等的系数（比如Gini系数、Atkinson不平等指数等）对增长指标进行调整（Sen，1974；Ram，1992；Anand等，2014；Taskin，2014）。三是社会机会函数法，即建立社会机会函数，计算不同分组的人群的平均机会水平和机会平等性（Ali和Son，

2007）。四是弹性系数法，即计算经济增长的减贫弹性，衡量经济增长的益贫程度（Ravallion，1997；Kakwani，2004），这种方法延续了较为成熟的益贫式增长指数构建方法；有学者建立了人类贫困指数，将减贫弹性从收入维度扩展到了非收入维度（徐俊武，2013）。此外，还有学者利用贫困率和基尼系数的简单加总成一个新的逆向指标，衡量经济增长的共享程度（Sen，2014）。

表2.2　　　　　　　现有共享式增长指数的构建思路与评价

概念界定	量化指标	构建思路	简单评价
以总体社会福利提升程度衡量经济增长成果的共享程度	脱钩指数（杨爱婷等，2012）	利用脱钩指数（DI=社会福利增长率/经济增长率）衡量经济增长是否带来社会福利增长	考虑增长与福利的动态关系，但计算社会福利时可能出现漏损
	综合指数（McKinley，2010；任保平等，2011）	利用多维度指标（如教育、健康、公共服务等）和指数合成方法构建包容性增长综合指数	指标选择、权重和合成方法的科学性和合理性是关键
经济增长的同时降低收入不平等	Sen指数（Sen，1974；Ram，1992）	基于社会福利函数，利用Sen指数{S=RY（1-Gini）}衡量收入不平等对经济增长进行调整之后的福利增加值	同时考虑增长与不平等，但对不平等指标的准确性要求较高
	Anand指数（Anand等，2014；Taskin，2014）	建立新的分配系数ω，利用Anand指数（=y·ω）衡量收入不平等对经济增长调整之后的福利增长值	构建思路与Sen指数相同，对不平等指标的准确性要求较高
	IHDI指数（UNDP，2011）	基于人类发展指数（HDI），利用Atkinson不平等指数对收入、健康、教育三个维度进行不平等调整	构建思路与Sen指数相同，涉及更多维度的不平等调整
经济增长的同时降低贫困率	益贫式增长指数（Kakwani，2004；徐俊武，2013）	利用增长的减贫弹性（或加上不平等的减贫弹性）衡量经济增长（以及收入分配改善）的益贫程度	益贫式增长指数研究较成熟，但忽略了益贫式增长与共享式增长的区别
经济增长的同时降低不平等和贫困率	Sen简单平均指数（Sen，2014）	利用贫困率和基尼系数的简单加总成一个新的逆向指标，衡量经济增长的共享程度	简单易行，但忽略了贫困率与基尼系数之间的相关性
建立在机会平等基础上的经济增长	社会机会指数（Ali和Son，2007）	建立社会机会函数，利用微观分组数据，计算不同分组的人群获取公共服务（医疗、教育、福利设施）的平均机会水平和机会平等性	基于微观调查数据，量化难度较大，且一般只能构建某一类公共服务的社会机会指数

资料来源：作者自行整理。

任保平等（2011）从增长前提条件、增长过程、增长结果三个方面，利用模糊隶属度方法评价共享式增长，通过因子分析法确定各级指标权重。

表2.3 任保平构建的包容性增长综合指数[①]

一级指标	二级指标	三级指标
对增长前提条件的包容（0.2838）	生存权利	男女人口数之比；预期寿命；贫困发生率
	教育公平	教育基尼系数；每万人拥有的教育资源
	医疗公平	医院床位数的泰尔指数；医生数的泰尔指数
	经济安全	农业受灾面积；通货膨胀率；贸易依存度；外资开放度；金融开放度
对增长过程中要素的包容（0.3894）	创新	研发经费支出占GDP比重；国有企业科技人员占国有工业产值比重
	劳动者	劳动工资占GDP的比重；就业增长率与经济增长率之比；城乡收入比；基尼系数；政府社保支出
	企业	大型企业平均产值与中小企业平均产值之比
对增长结果的包容（0.3268）	民生民富	人均GDP；人均受教育年限；恩格尔系数；人均消费支出；人均住房面积；财政收入占GDP比重
	经济可持续	全要素生产率；单位产出能耗比；单位产出污水排放数；单位产出大气污染程度
	幸福	城市人口密度；人均绿地面积；离婚率；平均每百人每年订报刊数；人均拥有图书馆数量

资料来源：任保平等：《中国经济增长质量报告（2011）：中国经济增长包容性》，29页，中国经济出版社，2011。

McKinley（2010）利用综合评价方法，从贫困与不平等、增长与经济机会、社会包容、社会安全网、政府治理五个方面构建共享式增长指数。

表2.4 McKinley构建的共享式增长综合指数

一级指标	二级指标	三级指标
贫困与不平等	收入	贫困线以下人口比例；2美元/人·天以下的人口比例；高收入组与低收入组的收入之比
	非收入	平均受教育年限；5岁以下儿童体重不足比例；5岁以下儿童死亡率
增长与经济机会	经济增长与就业	GDP增长率；人均收入增长率；就业率；增长的就业弹性
	关键基础设施	人均电力消费；道路覆盖率；每百人拥有手机数；每千成年人的存款账户数

[①] 任保平（2011）将构建的指数命名为包容性增长综合指数。

一级指标	二级指标	三级指标
确保公平获取机会的社会包容	教育医疗可获得性	学校教育年制（小学~大学）；小学师生比；疫苗覆盖率；每万人拥有的医生护士数；政府教育支出占比；政府医疗支出比
	基本公共服务可获得性	供电覆盖率；使用固体燃料做饭的人数比；利用改善后的水源的人数比；利用改善后的医疗服务的人数比
	性别平等和机会	小学、中学、大学的性别比；劳动力性别比；产前保健覆盖率；女性议员占比
社会安全网		社会保护；政府健康支出占比；政府社会安全与福利支出比重
良好的政府治理与制度		呼吁与回应性；政府效率；腐败指数

资料来源：McKinley, "Inclusive growth criteria and indicators: an inclusive growth index for diagnosis of country progress", ADB Sustainable Development Working Paper Series, No.14, 2010。

Wong（2014）专门针对新兴经济体构建了共享式增长指数。他认为，共享式增长是促进经济增长以及经济增长成果的广泛分享，对于新兴经济体来说，共享式增长必须扩大中产阶级的消费能力和对前景的乐观。新兴经济体共享式增长指数的特点是：由现状指数（PC）和潜力指数（EC）两个部分构成，前者侧重于衡量共享式增长的现状，后者侧重于衡量该经济体未来共享式增长可达到的水平。Wong利用2009—2013年的跨国数据，计算出了60个新兴经济体的共享式增长状况。

表2.5 新兴经济体共享式增长指数

维度	一级指标	二级指标
现状指数（25%）	经济增长（25%）	GDP；GDP增长率
	结果平等（75%）	中产阶级比重；高收入阶层比重
潜力指数（75%）	就业与生产率（20%）	劳动人口比重；劳动人口人均产出；制造业出口量比重
	经济机会可获性（40%）	教育指数；健康指数；电力设施获取；水资源改进；卫生设施改进；移动电话普及率；银行账户普及率；性别公平指数
	政府治理（40%）	政府责任性；政府效率；反腐败；营商环境

资料来源：Yuwa Hedrick-Wong, "Mapping the path to future prosperity: Emerging Markets inclusive growth index", MasterCard Center for Inclusive Growth Working Paper Q1, 2014。

美国社会科学研究会（SSRC）委托Measure of America行动组于2010年开始编制美国各州和县（county）的社会机会指数（opportunity index）。社会机会指数由三个维度构成，工作和地方经济、教育、社区健康与生活。

表2.6 美国州县一级的社会机会指数

维度	主题	指标
工作与地方经济	工作；贫困；不平等；资产；住房；互联网服务可获性	失业率；贫困率；收入分组80%与20%的收入比；每万人银行机构数；住房支出占比；使用互联网的家庭占比
教育	学前教育；大学教育研究生教育	3~4岁入学率；按时大学毕业的学生占比；硕士以上成年人占比
社区健康与卫生	公民参与；志愿者；社区安全；医疗可获性	志愿者占比；无业青年占比；暴力犯罪率；每万人拥有基本医疗设施数

资料来源：Measure of America of the Social Science Research Council，"2012 Opportunity index：Methodological notes"，Measure of America Working Paper，2012。

Anand等（2014）同时考虑增长与不平等，基于功利主义社会福利函数和广义集中曲线（generalized concentration curve），构建了一种用以度量共享式增长的指标：

$$\bar{y}^* = \omega \times \bar{y}$$

其中，$\bar{y}^*$为社会福利，ω为收入公平指数，$\bar{y}$为平均收入。如果一个经济体的经济增长是共享的，那么其$\bar{y}^*$是递增的。$\bar{y}^*$的递增能够通过以下方式获得：一是$\bar{y}$递增，即经济体的平均收入增加；二是通过改进经济体收入的公平性来增加公平指数ω；三是同时增加经济体的$\bar{y}$与ω。对上式进行微分，可得：

$$d\bar{y}^* = \omega \times d\bar{y} + d\omega \times \bar{y}$$

其中，$d\bar{y}^*$是共享式增长的变化程度，是Anand等用于实证分析的共享式增长指数[①]。由上式可得，共享式增长依赖平均收入增长和收入分配公平性的变动方向及其变化程度。如果两个因素变动方向都是正向的，即$d\bar{y}>0$，$d\omega<0$，那么经济增长无疑是具备共享特征的（曲线由AB变为A_1B_1）。相似的，如果两个因素的变动方向都是负向的，即$d\bar{y}<0$，$d\omega<0$，经济的增长毫无疑问是不具备共享特征的（由AB变为A_4B_4）。但是，在现实世界中存在$d\bar{y}$与dw的符号不相同

---

① 为简单起见，将其简称为Anand指数。如无特殊说明，笔者所指Anand指数均指由Anand等（2014）构建的共享式增长指数。

的经济体。如果前者的符号是正的并且后者的符号是负的，那么较高的社会流动是以降低收入分配的公平性为代价的（曲线从AB变为A_2B_2）。相似的，如果前者符号是负的，但是后者符号是正的，那么较高的社会流动是以降低平均收入为代价的（曲线从AB变为A_3B_3）。

徐俊武（2013）[①]利用贫困率的变动测量共享式增长，构建了多维贫困视角下贫困的增长弧弹性（PEG）指数，具体计算公式如下：

$$PEG = \frac{\Delta HPI/HPI}{\Delta Y/Y}$$

其中，ΔHPI为多维贫困指数（即用预期寿命、知识和生活水平三个维度的指标进行综合，从而衡量健康、知识和生活水平三个方面的人类贫困状况），ΔY为人均实际收入，用人均实际GDP衡量。在正常情况下，经济增长能够带来贫困指数的下降，因此，弧弹性的符号一般为负。

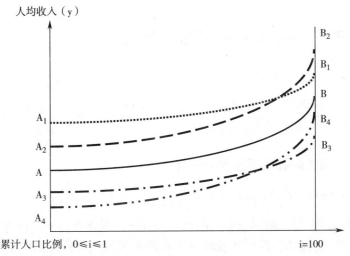

资料来源：Anand, Tulin and Kumar, "India: Defining and explaining inclusive growth and poverty reduction", IMF Working Paper, WP/14/63, 2014。

图2.3　Anand等构建的共享式增长指数的动态分析

除了上述常用指数之外，还有一些学者利用不同方法尝试对共享式增长进行度量。Sen（2014）构建了一个简单易行的共享式增长指数（POVINQ），即贫困率与基尼系数之和。这个简单指数的意义在于捕捉共享式增长的减贫维

---

① 徐俊武（2013）将构建的指数命名为包容性增长指数。

度和不平等维度。经济增长的共享程度取决于两种情况：一是贫困率和收入不平等同时下降，贫困率下降幅度超过了收入不平等的增加幅度。Rauniyar和Kanbur（2010）讨论了人类发展指数（HDI）作为共享式增长指数的适用性。他们认为，HDI不是衡量共享式增长的最好指标，这是因为尽管HDI将健康和教育这两个非收入维度引入了指数构成，但在收入、健康和教育三个维度仅仅选取了平均水平作为指标，而没有反映三个维度的不平等状况。世界银行于2014年提出了终结绝对贫困（end extreme poverty）和促进共享繁荣（promote shared prosperity）的两大目标，利用占总人口40%的低收入阶层的平均收入相对增长率作为衡量共享繁荣的指标。这个简单指标反映了经济增长的重要性，同时也反映了公平的重要性，是一个相对容易理解、测度的指标。但Narayan等（2013）认为，世界银行的这个指标也并非完美，基于收入维度的指标，可能忽略非收入维度的福利信息。

2.2 经济增长与收入不平等的关系研究

经济增长与收入不平等的相互关系是经济学尤其是发展经济学研究的重要问题，关于两者关系的理论研究主要从经济增长→收入不平等以及收入不平等→经济增长这两个相逆的影响途径开展。

2.2.1 经济增长对收入不平等的影响

关于增长对不平等（分配）的集中讨论，源于Kuznets（1955）提出的增长与不平等的"倒U型"曲线假说，即在初期阶段人均收入的增长将增加收入不平等，随着时间的推移，经济增长将逐渐带来平等的收入分配格局。他认为，随着收入不平等的加剧，在经济增长中会有一些抑制因素，使收入不平等趋势得以缓解：一是通过累进所得税、遗产税和其他转移支付方式干预分配；二是人口变动，随着高收入阶层人口增长率下降，中低收入阶段进入高收入阶层；三是产业结构调整，新兴产业不断出现并发展，降低旧产业的资产和收入比重。Kuznets假说提出后，引发了理论界持续而广泛的讨论，许多学者利用不同国家和历史时期的数据对其进行实证检验，一些跨国实证研究验证了"倒U型"曲线的存在（Ahluwalia，1976），但更晚的一些理论分析和实证结果并没有支持该假说（Deininger和L.Squire，1996；Ravallion，1997）。基于此，有学者（王天夫，2013）认为，Kuznets假说是个"伪命题"，它仅仅是对几个国家在特定历史时期经验的总结，不存在更为广泛的理论意义，同时也并不符合更多国家或是更长历史时期的经验事实。而Kuznets本人也欣然承认，经济增长与分配不平等的倒U型关系，也许5%来自经验数据，而95%来自推测，也可能在某种程度上还掺杂着痴心妄想（转引自Perkins，2013）。

关于经济增长影响收入分配的研究，另一个经典模型是Lewis（1954）的二元经济结构模型，其基本观点是：在经济发展初级阶段，农村劳动力相对过剩，劳动价格较低，资本收益则不断增加，两部门间的收入差距促使农村剩余劳动力向工业部门转移，促进了经济增长。而当经济持续增长，劳动力成为稀缺要素，收益开始上升，资本则成为相对丰裕的要素，收益逐渐下降，两部门间的收入差距收窄。最终，经济结构从二元变为一元，收入分配格局得到改善。Lewis的结论与Kuznets假说在分析逻辑上是一致的。

较早通过严谨的数理模型分析经济增长与收入不平等关系的研究来自新剑桥学派，该学派主要以哈罗德—多玛模型为基础，将经济增长与收入分配联系起来，着重分析收入分配的变动如何影响储蓄率，进而决定经济增长。其主要结论是：经济增长必然恶化收入不平等；收入不平等的恶化反过来会影响经济增长，引起社会利益冲突；解决资本主义社会问题的根本不是实现经济增长，而是改善收入不平等。

2.2.2 收入不平等对经济增长的影响

相比于经济增长→收入不平等的研究路径，收入不平等→经济增长在理论和实证方面显得更加充分和丰富。从研究结论看，收入不平等阻碍经济增长、收入不平等有利于经济增长、收入不平等与经济增长关系不确定这三类观点的研究都不在少数。Iradian（2005）对这些观点进行总结。

（1）收入不平等阻碍经济增长（或降低收入不平等有利于经济增长）的观点。Galor和Zeira（1993）在信贷市场不完善的假设条件下，推导出经济增长与收入不平等的负相关关系。低收入者由于信贷市场不完善无法投资于人力资本，因此，初始不平等将伴随代际传递，从而限制人力资本投资，降低经济增长率。Benabou（1996）总结了不平等阻碍经济增长的三种机制：一是政治系统的权力分配；二是社会政治不稳定，降低了对私人产权的保护；三是资本市场不完善下的人力资本投资。Lundberg等（2003）列出了共同影响收入不平等和经济增长的一些因素，这些因素的存在意味着收入不平等和经济增长之间可能存在同向关系。Berg和Ostry（2011）指出，效率和公平的权衡关系从长期来看是不存在的。实证表明，更高的不平等会减少增长的持续时间。尽管如此，他们对基于这些结论提出政策建议保持谨慎态度，因为一些试图降低收入不平等的政策由于设计不当，可能是损害经济增长的。Stigliz（2013）研究发现，更高的不平等是与更低的经济增长（当其他一切因素都被控制了）相关的。OECD（2014）提出，收入不平等和机会不平等会损害长期增长。

表2.7 收入不平等影响经济增长的机制汇总

路径	代表人物	影响机制
古典方法	Kaldor（1957） Bourguignon（1981）	高初始收入不平等→更高的总储蓄（富人边际储蓄率高于穷人）→更高的资本积累→更高经济增长
现代方法	Alesina和Rodrik（1994） Rodrik等（1994） Keefer和Knack（2000）	高初始收入不平等→更多寻租活动→降低产权保护→降低经济增长率
		高初始收入不平等→社会政治不稳定→不确定性增加→降低投资率→降低经济增长率
		高初始收入不平等→更多穷的中间投票人→再分配政策需求→更高税负→降低经济增长率
		高初始收入不平等→信贷市场不完善→无法投资于人力资本和物质资本→降低经济增长率
统一方法	Galor（2000）	经济发展初级阶段（更多信贷市场约束，物质资本积累是增长的主要驱动因素）：高初始收入不平等→更高储蓄率→更高物质资本积累→高经济增长
		经济发展更高阶段（信贷约束更少，人力资本积累是增长的主要驱动因素）：高初始收入不平等→收入不平等对储蓄的正效应超过（或抵消）其对人力资本积累的负效应→提高（降低）经济增长率

资料来源：根据Iradian，"Inequality、Poverty and Growth: Cross-Country Evidence"，IMF Working Paper WP/05/28,2005整理。

（2）收入不平等有利于经济增长的观点。Kaldor（1957）和Bourguignon（1981）认为，富人的边际储蓄率高于穷人，更高的初始不平等能够提高总储蓄、资本积累，进而提高经济增长。Benabou（1996）研究发现，如果高收入群体能够通过游说反对再分配政策或者限制低收入者参加投票，更高的收入不平等将减少转移支付，从而促进经济增长。

（3）收入不平等与经济增长关系不确定的观点。一些学者发现了在不同发展阶段、不同发展水平的情况下，收入不平等和经济增长关系呈现出不同的特点。Hoeller（2012）利用1994—2009年的跨国平均GDP增长率和基尼系数实证发现，增长与不平等并不存在一个简单的倒U型关系。Barro（2000）利用100个国家从1965—1995年的数据，实证发现经济增长与收入不平等没有显著的相关性。Galor（2000）提出收入不平等对经济增长的影响方向与经济发展阶段有关，具体影响则取决于物质资本与人力资本两者的相对报酬。

国内学者围绕收入不平等和经济增长两者的关系，利用中国数据进行了大量的理论分析和实证研究。尹恒等（2005）利用政治经济模型，从理论上推导出了不平等与增长呈倒U型关系。陆铭等（2005）利用联立方程模型，实证发现，不平等对于增长始终呈现出负面影响，而增长有利于降低不平等。陈昌兵（2007）总结了收入分配影响经济增长的直接机制和间接机制，提出在工业化时期，收入差距对经济增长的影响方向不确定，在现代经济时期，收入差距不利于经济增长。龙翠红等（2010）实证发现，农村收入不平等、城乡收入不平等与经济增长存在明显的负相关关系，城市不平等对经济增长没有显著影响。冉光和等（2012）研究发现，我国经济增长正处于库兹涅茨倒U型曲线的前半段，收入不平等随着经济增长出现扩大趋势。贺大兴等（2014）研究发现，经济起步阶段，不平等有利于物质资本积累，但不平等程度必须控制在一个合适的范围，不平等程度过大是产生中等收入陷阱的原因。

2.3 财政支出影响共享式增长相关研究

共享式增长强调保持经济增长的同时，同步提升居民平均收入，改善收入不平等状况。居民平均收入增长状况是经济增长的结果（白景明，2012），因此，财政支出影响共享式增长的基本路径是通过其对经济增长和收入不平等的作用实现的。基于此，有必要对财政支出对经济增长、财政支出对收入不平等、财政支出同时对经济增长和收入不平等的影响研究进行全面综述。

2.3.1 财政支出对增长、不平等的影响

（1）财政支出对经济增长的影响。这是公共财政理论中一个常做常新的课题。从20世纪60年代开始的相当长的时间里，学术界一般将研究重点放在公共支出规模对经济增长的影响上，到20世纪80年代末，研究重点开始转移到公共支出结构对经济增长的影响上。Arrow和Kurz（1970）假设政府支出都是生产

性的，将公共资本存量纳入生产函数和效用函数，结果表明，政府购买支出形成有效需求，公共基础设施投资以及对人力资本的投资形成要素投入，可以促进生产。Barro（1990）将政府支出分为生产性公共支出和非生产性公共支出，分别进入生产函数和效用函数，研究表明，生产性公共支出通过提供基础设施促进经济增长，非生产性公共支出可以提高居民效用水平，但会降低经济增长率。Barro的开创性成果为研究财政支出和经济增长的关系提供了一个拓展性很强的分析框架。此后，很多学者沿着Barro的基本思路从不同的角度对财政支出结构与经济增长的关系进行了深入探讨，研究结论也是大相径庭。Easterly和Rebelo（1993）利用1970—1988年的跨国数据，实证发现，交通、通讯、教育等支出能够显著促进经济增长。Devarajan等（1996）将财政支出分解为生产性支出和非生产性支出，提出在最优状态下，两类支出的比值应取决于各自的产出弹性之比。Brauninger和Vidal（1999）利用世代交叠模型分析公共教育支出与经济增长的关系，结果发现，公共教育支出可以提高劳动者技能水平，促进经济增长，但同时对物质资本积累产生挤出效应，从而不利于增长。Hur（2014）利用PVAR模型实证发现，公共投资支出、公共卫生支出、公共教育支出能够显著促进经济增长，而卫生和公共教育支出比公共投资具有更持久的增长效应。

国内学者也利用中国的数据，对财政支出尤其是财政支出结构的增长效应进行实证研究。马拴友（2003）通过实证发现，我国基建支出、行政管理支出与经济增长负相关，挖潜改造和科技三项费、文教卫生、国防等支出与经济增长正相关。郭庆旺等（2003）研究发现，生产性支出与经济增长正相关，人力资本方面的公共投资更能提高经济增长率。付文林等（2006）利用1952—2002年的中国时间序列数据和VAR模型，实证发现，经济建设支出能够促进经济增长，社会文教费支出和维持性支出不利于经济增长。钞小静等（2007）利用1978—2004年的全国数据，财政支出总量对经济增长有促进作用，经济建设支出、社会文教支出、国防支出的产出弹性为正，行政管理支出产出弹性为负。

实证结果的不一致引起了研究者对于财政支出最优结构问题的关注。中国经济增长与宏观稳定课题组（2006）认为，某项支出是否具有生产性取决于该项支出在支出总量中的相对稀缺程度。吕志华（2012）认为最优财政支出结构由各项支出对产出的边际贡献程度决定，在我国，消费性支出与投资性支出的最优比例约为7:3。

部分学者观察到了财政支出作用在短期和长期内的效应区别。廖楚晖

（2006）利用1995—2004年我国分省数据，实证发现，财政支出对短期和长期的经济增长都有影响，部分生产性支出并未促进长期经济增长。朱迎春（2013）利用1978—2010年时间序列数据，基于VAR模型和VEC模型，实证发现，公共投资和行政支出短期促进经济增长，但长期对经济增长产生负效应；科教文卫等社会性支出具有持续的增长效应。

此外，部分学者开始探讨影响财政支出增长效应的影响因素。刘勇政等（2011）将腐败引入内生经济增长模型，结果发现，腐败会降低公共支出效率，从而对经济增长产生负面作用。

（2）财政支出对收入不平等的影响。收入分配职能是财政的基本职能，政府主要通过税收手段、财政支出手段履行收入分配职能。为此，众多学者围绕财政支出的分配效应进行了大量研究。一些学者比较了税收政策和支出政策在收入分配方面的作用差异。李永友等（2007）认为，采取税收手段调整收入分配具有较大的扭曲效应，相比之下，财政支出政策在治理收入不平等方面具有相对优势。Martinez-Vazquez等（2012）和Joumard等（2012）研究发现，转移支付、教育、医疗、住房保障支出在降低收入不平等方面的效应要大于其他支出和一些税种。Hur（2014）认为，在许多国家，财政支出比税收更加具有可变性，财政支出政策在促进共享式增长方面能够发挥更大作用。Claus等（2012）利用150个国家的1970—2009年数据，实证发现，税收和财政支出都能降低收入不平等，但财政支出作用更大。

国外学者围绕不同财政支出对收入不平等的作用机制进行深入研究。Iradian（2005）研究发现，社会性支出与收入分配之间有着显著的关联性，公共人力资本投资是降低收入不平等的重要手段。Bergh和Fink（2008）利用35个国家1980—2000年的数据，研究发现公共教育支出有助于改善收入不平等。Gallo（2013）区分了总不平等（gross inequality）和净不平等（net inequality），市场决定的总不平等决定财政政策，财政政策进而决定经济增长和净收入不平等，利用21个OECD国家从1972—2006年的非平衡面板数据实证发现，具有再分配性质的财政支出和直接税会降低增长和净不平等，这从侧面反映效率和公平存在一定程度上的权衡效应。Bastagli等（2012）认为，财政政策可以通过收入和支出两端降低收入不平等，但公共支出的作用明显更大。教育、医疗卫生和直接转移支付是降低收入不平等最有效工具。Cubero和Hollar（2010）研究发现教育和医疗卫生支出能够显著降低收入不平等。Afonso等（2008）公共支出与收入分配之间具有较强的相关关系，要把40%收入组的收入份额提高1%，必须增加约占GDP总额3.3%的公共支出。Das-Gupta（2014）认为，用于提高教育和医疗可获得性方面的财政支出能够增加社会流动性、降低贫困和弱势的代际传递、促进机会平等。

表2.8　　　　　　　　　　　　　财政支出的分配效应测度

支出类型	亚洲国家（%）	其他国家（%）
社会保障支出	0.490	-0.276
公共教育支出	-0.486	-0.034
公共卫生支出	-0.241	-0.330
住房保障支出	2.162	-0.614

注：Claus等（2012），利用基尼系数测量收入不平等，增加1%的该类财政支出，能够引起的基尼系数变化。

资料来源：Claus, Martinez-Vazquez and Vulovic, "Government fiscal policies and redistribution in Asian countries", ADB Working Paper Series No.310, 2012.

还有学者考察了财政支出分配效应的国别差异。Rudra（2004）利用1972—1996年跨国数据研究发现，在发达国家中，社会性支出能够降低收入不平等，但在欠发达国家，只有公共教育支出有助于改善收入分配。Bastagli等（2012）发现，发达国家的财政支出政策能够更加显著地降低收入不平等，发展中国家的作用则比较有限。Claus等（2012）研究发现，公共教育和卫生支出是降低收入不平等最有效的财政支出工具。在亚洲国家，社会保障支出和住房保障支出并没有降低收入不平等，而是恶化了收入不平等，一个可能的解释是这两种支出在亚洲国家更有利于住在城市的居民。ADB（2014）考察了支出归宿对于支出分配效应的影响，认为一些政府支出没有很好地瞄准机制，受益归宿于高收入阶层，比如燃油和电力补贴更倾向于累退性质。Winters（2014）解释了基础设施投资不能降低收入不平等的原因。基础设施布局不公平，即富人更能够有效利用基础设施带来的经济机会，使得基础设施投资可能恶化收入不平等。

国内学者基于我国国情实际和数据，对不同类型财政支出的分配效应进行了检验。肯定财政支出改善收入分配格局的研究主要包括金双华（2002）提出教育、卫生、社会保障等财政福利性支出有助于降低收入不平等，公共教育支出调节收入分配的作用要大于公共卫生支出。陆铭等（2005）研究发现农村公共支出与城乡经济差距之间有着明显的负向关系。中国经济增长与宏观稳定课题组（2006）认为，积极的社会性支出既可以降低市场性收入的不平等，也可以降低最终收入的不平等。彭锻炼（2007）实证发现，支农支出、义务教育支出和公共卫生支出能够有效缩小城乡收入差距。葛成（2013）利用1978—2011年的全国时间序列数据和VAR模型，研究发现，财政支出规模的扩张有利于改善全国总体收入不平等，缩小城乡收入差距，而收入不平等的扩大对财政支出规模的扩张有正向激励。

正如Perkins（2013）所说，并不是所有政府支出都能有效地减少收入不平等。许多学者也发现不同类型财政支出的分配效应、作用机制甚至是影响方向都有一定的差异。丁少群等（2013）基于1978—2010年的全国时间序列数据和VAR模型，实证发现，现行社会保障政策没能缩小收入分配差距，收入不平等与经济增长之间存在倒U型关系。李建强等（2011）利用VAR向量模型以及脉冲响应分析方法，对我国1978—2008年的城乡基尼系数、城乡泰尔指数以及城乡人均实际收入比分别与历年公共支出各项支出进行回归分析，结果表明，我国经济性支出、维持性支出甚至社会性支出的增加都拉大了城乡收入差距。

部分学者重点分析了不同区域、经济发展水平以及长短期的财政支出分配效应的差异。吕炜（2004）认为，不同财政支出作用于社会公平的时滞不一致，公共教育支出、社会保障支出比用于经济建设支出作用于社会公平的时滞更短。胡汉军等（2009）利用2001—2006年省际面板数据，实证发现，在城镇，个人所得税和社会救济支出能够显著抑制收入不平等，养老金支出和离退休支出扩大了收入不平等；在农村，转移性支出能够有效抑制收入不平等。Sylwester（2012）实证发现，收入不平等提高了社会性支出，长期来看，社会性支出能够提高经济增长率，但短期会降低经济增长。

一些学者认为，财政支出与收入不平等并不是线性关系，而是可能存在一定的阈值条件。夏龙等（2010）在两部门经济增长模型中引入公共支出，推导出通过扩大农村公共支出缩小城乡经济差距的阈值条件，通过1978—2008年的全国数据和VAR模型，验证了扩大农村公共支出缩小城乡经济差距的政策是可行的。严成樑等（2012）将生产性财政支出和消费性财政支出引入内生经济增长模型，模型推导发现，经济增长极大化目标下的财政支出结构与社会福利极大化目标下的财政支出结构并非一致。经济增长极大化目标下生产性支出的比重大于社会福利极大化目标下的比重。周业安等（2012）实证发现，各地区公共教育支出、社会保障支出实际上在恶化收入不平等；而公共卫生支出在一定程度上促进了收入平等。社会性支出对收入分配的影响不是线性的，只有在本地较高的财政自主度和其他地区较高的社会性支出时才会降低不平等。

还有学者进一步研究了影响财政支出分配效应的因素，比如财政支出水平、财政支出归宿、财政分权因素、财政支出结构偏向等。刘穷志（2007）在缺乏家庭调查数据的情况下，利用2000—2004年的省际中观数据，研究发现，国防支出均等地归宿到了所有人，公共安全支出、科教文卫和社会救济支出更多惠及了穷人，基础设施建设、公共交通服务、流通支出、政策性补贴更多惠及了富人。邓旋（2011）认为，由于地方政府财政支出有着"城市偏向"，因而财政支出的增加拉大了城乡收入差距。Balakrishnan等（2013）认为，亚洲国家由于税收和支出的水平较低，限制了财政政策的分配效应。

（3）财政支出同时对增长与不平等的综合影响。现有文献多是分别研究财政支出对经济增长和收入不平等的影响，但将经济增长和收入分配结合起来研究是当前财政支出研究的一个重要趋势。由于经济增长和收入不平等之间存在双向作用渠道，导致财政支出对两者的综合影响变得十分不确定，理论界将这个问题称之为佩罗蒂难题（Perotti Puzzle）。具体来说，传统理论认为，财政政策变量能够显著促进经济增长，但内生财政政策机制认为，由于收入不平等引起的财政政策将可能降低经济增长。围绕佩罗蒂难题，一些学者进行了理论和实证研究。Sylwester（2000）研究发现，收入不平等导致公共教育支出增加，虽然公共教育支出与未来增长正相关，对增长的同期影响却是负向的。Lopez（2004）认为，宏观经济稳定、公共教育支出、基础设施建设等政策能够同时对经济增长和缓解收入不平等起到有利作用。Tanninen（2010）提出了佩罗蒂难题的三种解释：一是财政政策与经济增长可能是非线性的，当财政支出总量降低时，支出的增长效应大于扭曲税带来的负面效应；当税收处于高水平时，扭曲税的负面效应大于支出的增长效应。二是不同种类的支出具有不同的增长效应，因此，支出总量是重要的，支出结构也是非常重要的。三是可能忽略了影响增长和不平等的其他因素。Holzner（2011）利用28个转型经济体1989—2006年的数据，研究不同公共支出对收入不平等和经济增长的关系，发现经济事务支出与收入不平等和增长均负相关，卫生和社会保障支出与收入不平等负相关，公共教育支出和住房保障支出与经济增长负相关。Muinelo-Gallo和Roca-Sagales（2011）利用1972—2006年43个国家的非平衡面板数据，将增长纳入不平等的回归模型，将不平等纳入增长的回归模型，研究发现，政府经常性支出和直接税在降低经济增长的同时，会降低收入不平等。公共投资是可以打破"效率—公平"权衡关系的支出工具，增加公共投资能够降低收入不平等，而不损害产出。

国内学者围绕财政支出的增长和分配效应开展了不少实证研究。彭锻炼等（2011）建立联立方程模型，选取1995—2006年省级面板数据，研究分项公共支出在促进经济增长和社会公平方面的效率状况，结果表明，经济建设支出、教科文卫支出、国防支出对经济增长促进明显，农业支出、行政管理费支出与经济增长负相关，经济建设支出、农业支出、行政管理费支出和政策性补贴支出短期内有助于促进社会收入分配公平，但长期促进机制没有建立起来。陈安平（2009）认为财政支出是分权影响经济增长和收入差距的中介变量，利用1994—2004年的省际面板数据和联立方程组模型，研究发现，财政分权增加了地方政府财政支出，但支出增加并不必然有利于经济增长和拉大城乡收入差距，如果在扩张支出水平的同时，增加科教支出和农业支出，将有可能保持经济高增长的同时，缩小城乡收入差距。孙文基等（2011）利用1978—2008年的城乡收入数据，测算了全国层面的基尼系数和泰尔指数，并基于VAR模型，实证发现，经济增长扩大了城乡收入分配不平等，但城乡收入分配不平等并没有制约经济增长，财政性社会保障支出没有解决城乡收入分配不平等的问题，反而扩大了不平等。潘敏等（2012）利用马尔科夫区制转换向量自回归模型，基于1994—2010年的季度数据，分析财政支出的增长效应和分配效应，发现当社会性支出增速高于经济性支出时，财政支出能够在促进增长的同时抑制收入不平等，当经济性支出增速高于社会性支出时，财政支出在促进增长的同时扩大了收入不平等。贺俊（2013）利用1997—2011年省际面板数据，实证发现，支出总量越高，越有利于经济增长，经济建设支出增加不利于经济增长，社会性支出对经济增长有积极影响，但并不显著。

一些学者通过建立数理模型深入分析财政支出对经济增长和收入不平等的作用机制。Glomm和Ravikumar（1992）比较了教育由私人投入和由政府投入对增长和不平等的作用，发现当不平等程度很高时，公共教育会比私人教育带来更快的经济增长，更有利于降低不平等。Garcia-Penalosa和Turnovsky（2007）构建了一个收入分配与经济增长同时决定的内生增长模型，研究发现以增长为目标的支出政策通常会恶化收入不平等。Schmidt-Hebbel和Tello（2014）基于内生经济增长模型，构建了一个研究公共支出最优规模和结构的动态一般均衡的政治经济模型，研究在多数投票制和通过扭曲税筹集支出的条件下，通过设定收入不平等临界值，研究选民对公共消费性支出、转移支付和生产性支出三种支出政策的选择，进而对经济增长的影响，发现了收入不平等和经济增长存在非线性的、倒U型关系。郭凯明等（2011）将家庭养老和利他主义的生育动机引入世代交叠的动态一般均衡模型，结果表明，公共教育支出可以促进经济增长，但对于调节收入分配作用较弱，而加大社会保障支出，能够有效降低收入不平等，但不利于长期经济增长。余靖雯等（2013）是少数通过数理模型分析财政支出同时对增长与不平等影响的研究之一，基于内生经济增长的世代交叠模型，通过构建增长对不平等的厌恶指数，使政府教育支出、不平等和增长建立联系，提出了公共教育支出对经济增长的三种传导机制：一是降低了努力带来负的边际效用，从而激励个人努力和人力资本积累，促进经济增长；二是支出通过收入税筹集，挤出了私人储蓄，降低物质资本积累和经济增长率；三是影响私人教育支出，但对经济增长影响方向不确定。米增渝等（2012）建立了财政政策、收入不平等与经济增长的动态关联模型，通过数理模型推导出了一个重要命题：税收和支出手段只有相互配合，才能实现经济增长与收入不平等的均衡激励机制，即实现共享式增长。他们认为，政策配合的要点在于：累进性质的税收与瞄准穷人的转移支付（补贴）政策，也就是在税收归宿和支出归宿上应该有利于穷人。

2.3.2 财政支出对共享式增长的影响

从现有文献看，关于财政支出与共享式增长关系的研究相对较少，从研究内容和变量选择看，主要分为三类：一是构建综合性的社会福利指数（理念上与共享式增长相似），进而研究财政支出与该综合指数的关系；二是研究财政支出与益贫式增长的关系；三是以经济增长和社会公平（或社会福利）作为被解释变量，分析财政支出结构分别对两者的影响。Hur（2014）认为，经济增长和收入不平等并没有明显的相关关系，这说明简单的总量分析并不足以揭示两者之间的关系，必须引入对财政支出结构的研究。因此，促进共享式增长的财政支出类型和结构，也是理论界关注的重大问题。

在研究财政支出对综合性福利指数的影响方面，李一花和沈海顺（2012）利用1985—2006年时间序列数据，将经济增长、收入分配、环境、预期寿命等指标纳入社会福利综合指标，实证显示，财政支出总量、经济建设支出、科技支出与福利水平显著负相关，社会文教支出、社会保障支出、行政管理支出与福利水平正相关。Huang和Quibria（2013）从国外援助的角度考察了共享式增长的决定因素，利用索罗增长模型建立了用于拓展可行能力的国外援助与共享式增长的理论联系，用联合国开发计划署发布的经不平等调整的人类发展指数（IHDI）的增长率作为共享式增长的衡量指标。结果显示，国外援助对共享式增长有着显著的正向作用。本书建议在促进共享式增长方面英国加强国际合作。Mlachila等（2014）构建了增长质量指数（QGI）用以衡量共享式增长，指数包括增长基础（人均GDP增长率、GDP变异系数、产业结构、经济外向型程度）和社会结果（医疗、教育）两个维度，利用1990—2011年的跨国数据，计算了90个国家的增长质量指数，结果显示，政治稳定、益贫式公共支出、宏观经济稳定、金融发展、制度质量、外商直接投资（FDI）有助于促进共享式增长。

在研究财政支出对益贫式增长指数的影响方面，Habito（2009）通过增长的贫困弹性（poverty elasticity of growth，PEG）衡量共享式增长，利用1996—2007年15个亚洲国家数据，实证发现，政府治理质量、社会性支出（教育、医疗、住房保障）、农业GDP比重能够显著促进共享式增长。徐俊武等（2012）依据广义贫困标准，以人类贫困的增长弧弹性衡量共享式增长的指标，研究发现，提高经济增长共享程度最重要的因素是公共财政政策，尤其是公共支出政策和制度。李中等（2014）利用103个国家20年的跨国数据，以绝对贫困率衡量共享式增长，实证发现，全球化有助于促进共享式增长，通货膨胀将抑制共享式增长，城镇化具有共享式增长效应。卢现祥等（2012）以多维贫困指数的增长弹性作为衡量共享式增长的指标，利用1978—2008年的数据，实证结果显示，我国经济增长总体上具有共享特征，但大多数年份共享程度较低，社会性支出能够显著促进共享式增长，经济性支出对共享式增长有显著负影响，一般性支出短期内对共享式增长有显著负影响，法制环境和社会稳定对共享式增长有积极作用。Kanbur等（2014）认为，促进共享式增长的财政支出政策主要包括：增加教育与医疗支出，增加社会保障支出，将低效的普惠制补贴改为更加精确的转移支付。

在研究财政支出对共享式增长指数（同时纳入经济增长与收入不平等的指数）的影响方面，Lopez（2004）实证发现，在教育、医疗卫生和基础设施方面的公共支出，降低通货膨胀率以及改进政府治理能够促进经济增长，同时降低收入不平等，从而实现共享式增长。孙荣（2011）利用1978—2006年全国数据，计算阿玛蒂亚·森福利指数用以衡量包含经济增长和社会公平的社会福利指数，实证发现，财政支出规模与社会福利存在显著正相关关系，社会性支出与社会福利存在显著的正相关关系，经济性支出和行政管理支出与社会福利存在显著的负相关关系。Lee等（2013）在技能溢价提升和人力资本回报增加的背景下，增加教育和医疗卫生支出对共享式增长十分重要。Anand等（2014）将经济增长绩效与收入分配结果整合到了一个指数之中，并利用1970—2010年143个国家的非平衡面板数据进行实证研究，结果发现，在发展中国家，宏观经济稳定、人力资本、贸易开放度、固定投资有助于实现更高的共享式增长。在发达国家，教育水平、贸易开放度、固定投资、政府消费是共享式增长的决定性因素，金融深化作用不显著。Sen（2014）利用1984—2010年42个国家的跨国数据，发现腐败程度降低有助于降低贫困率和不平等，从而促进共享式增长，法治程度提高对贫困和不平等具有显著的负效应，增强民主责任性有助于促进共享式增长；减贫和降低收入不平等更有可能发生在经济稳定阶段，在经济加速增长阶段，如果没有共享式的制度改进，增长将无助于降低收入不平等和贫困。Son（2014）结合实证研究结果，提出促进共享式增长的财政政策，主要包括：医疗卫生和教育领域更有效的政府支出，确保基本公共服务的覆盖率和公平性；对贫困地区的转移支付；改进交通和通讯网络，缩小城乡之间的交通与信息鸿沟；构建社会保障网。Pandey等（2014）提出，促进共享式增长的措施包括：农业支出和农村基础设施建设、提高农业就业率、建立社会安全网、增加教育和医疗的公共支出。Anand等（2014）利用2004—2009年印度数据，实证发现，教育、医疗等社会性支出、宏观经济稳定、低通胀和金融发展程度有助于促进共享式增长。Hur（2014）利用标准化不平等数据库（SWIID）和世界银行的世界发展指标库（WDI）中34个OECD国家和33个亚洲国家从1965—2012年的跨国数据进行实证研究，结果显示：一是公共投资支出、公共卫生支出、公共教育支出能够有效促进经济增长，但公共卫生支出和公共教育支出对经济增长的作用效果更为持久；二是在亚洲国家，公共卫生支出和公共教育支出能够显著降低收入不平等；三是提升公共教育支出占GDP比重1个百分点，能够累计降低基尼系数1.1个百分点，公共卫生支出和转移支付则分别能够降低0.3个百分点和0.6个百分点；四是在发展中国家，提高公共卫生支出和公共教育支出能够显著降低收入不平等；五是转移支付降低收入不平等的效应，发展中国家要低于发达国家。ADB（2014）结合财政收支两端，对我国促进共享式增长的政策措施提供了一揽子方案。

表2.9　　　　ADB对我国促进共享式增长的一揽子财政收支政策建议

作用环节	具体措施
通过禀赋均等化解决初次分配中的不平等	消除影响要素收益的结构性障碍；提高教育平等，支持提高技能和生产率的人力资源政策；增加医疗平等；改善获得进入劳动力和金融市场的机会
通过二次再分配进一步解决结果的不平等	增加税收的累进程度；更加依赖直接税；增加社会性支出；增加转移支付的累进程度
改革税制用以提供改革资金	扩大税基；加强累进式非所得税；推出绿色税收；增加国企红利的上缴比例；正确处理地方政府收支不匹配

资料来源：Asian Development Bank（ADB），"Asian development outlook 2014: Fiscal policy for inclusive growth"，Mandaluyong City，Phillippines：Asian Development Bank，2014。

2.3　本章小结

本章主要围绕共享式增长、增长与不平等关系、财政支出对共享式增长的影响三个议题，对现有文献进行了全面总结。总体来看，相关文献有以下特点：

（1）关于共享式增长的概念和重要性的文献较多，尤其是国内文献主要侧重于概念介绍和国际经验，研究共享式增长测度方面的文献比较少，由于缺乏衡量共享式增长的指标，也使得相关的实证研究比较少。

（2）研究经济增长与收入不平等相互关系的理论文献和实证研究都很多，而且实证研究数量多于理论文献。这一方面说明了两者关系的理论机制上的复杂性，另一方面也验证了Perkins（2013）所说的，鉴于增长和不平等之间的复杂机制，考察两者影响的净效果是一个实证问题，然而迄今为止的实证研究得出的结果却大相径庭。

（3）单独研究财政支出对经济增长、财政支出对收入不平等的文献较多，但将财政支出、经济增长和收入不平等纳入统一分析框架的文献比较少。经济增长和收入分配都是财政支出的重要职能，如果对两种职能进行分割研究，无法全面反映财政支出的职能作用。因此，在理论上无法指导财政支出总量和结构如何根据职能实现情况进行调整。

（4）鲜有文献对财政支出影响共享式增长进行机制分析和实证检验，目前对这个问题进行深入研究的仅有徐俊武（2013），但该研究也存在几个问题，一是以基于贫困的增长弹性衡量共享式增长[①]，与当前对共享式增长的界定不一致；二是实证数据截至2006年，尽管避免了2007年政府收支分类改革带来的财政支出数据口径不统一问题，但遗漏了2007—2013年的数据，实证结果的可靠性大打折扣，而且也无法反映近年来共享式增长的现实状况[②]；三是尽管该研究对公共教育支出、公共卫生支出、社会保障支出和支农支出这四种财政支出对共享式增长的影响进行了深入研究，但没有涉及公共投资支出、经济事务支出、一般性支出等其他类型支出，导致研究结论的现实指导意义弱化。

针对现有文献的一些不足，笔者试图进行针对性的补充，主要做法如下：

（1）针对缺少共享式增长测度指标的问题，笔者结合阿玛蒂亚·森的社会福利指数和脱钩指数方法，构建了一个将增长与不平等纳入统一测度框架的全新共享式增长指数（IGI指数），并利用1978—2014年的全国时序数据和1995—2013年的分省数据，对我国经济增长的共享程度、省域经济增长的共享程度进行了测度。

（2）针对经济增长与收入不平等的复杂关系与实证问题，笔者对现有文献关于两者作用机制的观点进行了全面总结，并利用面板向量自回归模型和我国最新数据对我国现实情况下经济增长和收入不平等的关系进行实证研究。

（3）针对2007年收支分类改革后的财政支出数据口径问题，笔者将2007年前后在口径上可以归并的部分财政支出数据（公共教育支出、公共卫生支出、社会保障支出、公共投资支出、经济事务支出、国防和公共安全支出）进行归并，形成全国层面1978—2013年、省级层面1998—2013年的具有可比性、较为完整的财政支出数据，尽量规避2007年支出口径变化对实证研究的影响。

（4）针对分割研究财政支出增长效应和分配效应的问题，笔者将财政支出、经济增长和收入不平等纳入统一分析框架，研究财政支出总量、分项财政

---

① 实际上，这个指标更适合研究益贫式增长。

② 需要指出的是，根据国家统计局发布的基尼系数数据，2008年以来，中国总体基尼系数呈现出缓慢下降的趋势，这意味着，如果人为舍去这几年的数据，可能会遗漏财政支出分配效应的最新信息。

支出的增长效应和分配效应，并在解决数据口径不统一问题的基础上，实证分析了财政支出对经济增长和收入不平等的具体影响，还分析了财政支出总量和不同财政支出对共享式增长的综合影响以及财政支出作用在不同区域的差异。

第3章 财政支出影响共享式增长的理论分析

3.1 理论模型：经济增长与收入不平等的关系

共享式增长强调在经济增长的同时，提高民众对经济增长成果的共享程度，基于这种理念，笔者给共享式增长作了一个简单直观的界定，即保持经济增长的同时，同步提升居民平均收入，并改善收入不平等状况，从而最大程度提高社会福利。一般认为，居民平均收入增长状况是经济增长的结果（白景明，2013）。因此，经济增长与收入不平等之间的相互关系是研究财政支出影响共享式增长问题的理论起点（卢现祥等，2012；徐俊武；2013；Anand等，2014；Hur,2014）。如果促进经济增长与降低收入不平等之间不存在兼容关系，而是只有替代关系或者说权衡关系（trade-off），那么共享式增长概念本身的可行性就要打上问号了。所以，在分析财政支出如何影响共享式增长之前，应深入分析经济增长和收入不平等之间的关系。

回顾经济学说史，经济增长和收入不平等的关系研究在古典主义、马克思主义和新古典主义等经济学流派中都有所涉及。威廉·配第基于劳动价值论，探讨了资本主义收入分配及其与经济增长的关系，将增长与分配的关系纳入在劳动者、资本所有者和土地所有者之间的阶级利益分配关系分析之中，但威廉·配第的理论仅仅将收入分配作为经济增长的结果，而没有对收入分配如何影响经济增长进行分析。亚当·斯密将一国土地和劳动的全部年产物分解为土地地租、劳动工资和资本利润三部分，分别作为土地所有者、劳动者和资本家三大阶级的收入，提出经济增长和资本积累过程中工资收入将不断上升，资本利润率将趋于下降，资本、利润和劳动工资存在利益分配矛盾，并对经济增长产生制约和影响。李嘉图提出土地产品在地主、资本家和劳动者三个阶级之间进行分配，随着经济增长，工资、地租提高，利润下降，地主同资本家和工人阶级的收入差距拉大。由于收入分配越来越不利于利润增长，将严重制约储蓄和资本积累，最终影响经济增长，可见，李嘉图较早探讨了收入分配影响经济增长的机制。马克思在劳动价值论的基础上分析剩余价值理论、资本主义原始积累等问题，深入阐述了资本主义条件下收入分配与经济增长的关系，在这个过程中，把剩余价值理论和资本主义私有产权制度紧密结合，较早地运用制度分析方法研究资本主义收入分配与经济增长的冲突关系。克拉克的《财富的分配》集中探讨了社会收入和分配，提出了"分配的自然规律"，即每一个生产要素创造多少财富就得到多少财富。马歇尔建立了均衡价格分配理论，认为分配本质上是生产要素价格问题，应遵循供求决定的均衡价格形成机制。综上可见，将收入分配问题与经济增长联系起来开展研究，是经济学研究的一个历史传统和基本思路。

新剑桥学派较早通过严谨的数理模型分析经济增长与收入不平等关系，该学派的代表人物Robinson和Kaldor等人以哈罗德—多玛模型为基础，将经济增长与收入分配联系起来。该学派的"收入分配—经济增长"模型主要基于以下假设条件：一是社会总储蓄来自资本家和工人这两个阶级；二是资本家和工人在各自收入中都有固定比例的储蓄，且资本家的储蓄率要高于工人；三是资本–产出比恒定。基于以上条件，得出以下基本公式：

$$G = \frac{S}{C} = \frac{(\frac{P}{Y} \cdot S_P + \frac{W}{Y} \cdot S_W)}{C}$$

其中，G为经济增长率，S为储蓄率，C为资本–产出比，Y（国民收入）分为P（利润收入）和W（工资收入）两部分，S_P为利润收入者的储蓄率，S_W为工资收入者的储蓄率。这一模型的基本含义是，总储蓄率等于利润收入者储蓄率S_P和工资收入者储蓄率S_W之和。在既定的资本–产出比条件下，可以通过调整总储蓄率S从而实现稳定的经济增长，而储蓄率S的调整可以通过改变利润和工资在国民收入中的相对比例（P/Y）和（W/Y）来实现。因此，改变收入分配格局是实现经济稳定增长的条件，同时，经济增长也影响着收入分配格局。这种关系可以用以下公式表示

$$\frac{P}{Y} = \frac{1}{(S_P - S_W)} \cdot \frac{I}{Y} - \frac{S_W}{(S_P - S_W)}$$

假定工资收入者的储蓄率S_W为0，则有

$$\frac{P}{Y} = \frac{1}{S_P} \cdot \frac{I}{Y}$$

根据上式，假定利润收入者储蓄率S_P不变，则投资率越高，收入分配越倾向于资本家。因此，在私有制条件下，经济增长必然会拉大利润收入者和工资收入者的收入差距。结合上述分析，新剑桥学派得出以下论断：一是经济增长必然恶化收入不平等；二是收入不平等的恶化反过来会影响经济增长，引起社会利益冲突；三是解决资本主义社会问题的根本不是实现经济增长，而是改善收入不平等。

新剑桥学派的理论贡献在于将经济增长和收入不平等纳入统一框架，并将收入分配问题置于理论分析的中心，但有学者（史焕平等，2014）认为，新剑桥学派关于增长和平等不能兼得的结论只在短缺经济条件下才能成立，在当前短缺经济向过剩经济转变的情况下，国民经济运行的主要矛盾不是投资不足，而是消费不足。因此，如何扩大消费带动需求，从而促进经济增长是国民经济的核心问题，他们基于消费引致投资的乘数–加速数模型得出结论，实现经济增长并不必然会恶化收入分配，改善收入分配有利于经济增长的可持续性。其基本分析过程如下（史焕平等，2014）：

根据封闭条件下的国民收入公式：$Y = C + I$以及新剑桥学派的国民收入公式：$Y = Y_W + Y_P$，可得

$$Y = C_W Y_W + C_P(Y - Y_W) + I$$

其中，Y_W和Y_P为国民收入中的工资收入和利润收入，C_W和C_P为工资收入者和利润收入者的边际消费倾向。整理上式可得

$$Y = \frac{C_W - C_P}{1 - C_P} \cdot Y_W + \frac{1}{1 - C_P} \cdot I$$

假设α为$\dfrac{C_W - C_P}{1 - C_P}$的简化式，$\beta$为$\dfrac{1}{1 - C_P}$的简化式，则有

$$Y = \alpha Y_W + \beta I$$

微分后整理可得

$$\Delta Y = \frac{\beta}{1 - \alpha \dfrac{\Delta Y_W}{\Delta Y}} \cdot \Delta I$$

$\Delta Y_W / \Delta Y$是边际工资分配倾向，表示每增加一单位国民收入能够带来的工资

收入增量。$\Delta Y_W / \Delta Y$增加表示工资性收入占国民收入比重增加，收入不平等将得到改善。将$\omega = \Delta Y_W / \Delta Y$定义为政府调节收入分配的公共政策系数，并引入时序概念，则有

$$\Delta Y_t = \frac{\beta}{1 - \alpha \omega_t} \cdot \Delta I_t$$

其中，ω_t表示t期的公共政策系数。令M为边际消费倾向，σ为资本-产出比，基于乘数-加速数原理和汉森假设①（$C_t = \mu Y_{t-1}$），则有t期私人投资是t期消费支出和$t-1$期消费支出之差与资本-产出比σ的乘积，即

$$I_t = \omega (C_t - C_{t-1}) = \mu \sigma (Y_{t-1} - Y_{t-2})$$

对上式微分后代入$\Delta Y_t = \frac{\beta}{1 - \alpha \omega_t} \cdot \Delta I_t$可得

$$\Delta Y_t = \frac{\beta \mu \sigma}{1 - \alpha \omega_t} \cdot (\Delta Y_{t-1} - \Delta Y_{t-2})$$

上式左右两边同时除以ΔY_{t-1}可得

$$\frac{\Delta Y_t}{\Delta Y_{t-1}} = \frac{\beta \mu \sigma}{1 - \alpha \omega_t} \cdot \left(\frac{\Delta Y_{t-1} - \Delta Y_{t-2}}{\Delta Y_{t-1}} \right)$$

令G_t表示t期的国民收入增长率，则有

$$G_t = \frac{\beta \mu \sigma}{1 - \alpha w_t} \left(1 - \frac{1}{1 + G_{t-1}} \right) - 1$$

其中，G_t为t期的国民收入增长率，G_{t-1}为$t-1$期的国民收入增长率，当$G_{t-1} > 0$时，G_t将随着公共政策系数w_t的增大而增大，即边际工资分配倾向增大，收入不平等降低，国民收入增长率提高；当$G_{t-1} < 0$时，G_t将随着政府的收入分配政策系数w_t的减小而增大，即边际工资分配倾向减小，收入不平等恶化，国民收入增长率提高。

上述过剩经济条件下基于消费引致投资的乘数-加速数模型表明，在一定条件下，经济增长和收入不平等降低并非不可兼得，而是可以兼容的。换言之，提倡经济增长与收入不平等降低的共享式增长具有理论上的可行性。在这个过程中，政府的公共政策系数w_t是平衡经济增长与收入不平等关系的重要变量。这也从侧面说明，实现增长与分配兼容的共享式增长并不是一个自然而然的过

---

① 假设当期的消费支出是上一期国民收入和边际消费倾向的乘积。

程，提高经济增长的共享程度需要政府实施合理有效的公共政策和相关制度安排。因此，作为政府公共政策重要组成部分的财政支出政策在促进共享式增长过程中能够发挥重要作用。理解经济增长和收入不平等的相互作用机制，为进一步研究财政支出对共享式增长的影响机制奠定了坚实基础。

3.2　财政支出影响共享式增长的总体分析

结合共享式增长的概念界定和相关理论分析，提高经济增长的共享程度，可以通过以下三个可行路径：

一是促进可持续的经济增长。经济增长是共享式增长的前提，是提高民众福祉的物质基础，是居民收入增长的源泉所在，没有经济可持续增长，共享式增长将成为无源之水。形象地说，促进经济增长是一个"把蛋糕做大"的过程。

二是提高居民平均收入。居民收入增长并非简单等同于经济增长。由于存在劳动力市场机制不健全、工资黏性过大、企业和政府收入占比过高等原因，居民收入往往与经济增长不同步。提高居民平均收入也就是提高民众共享经济增长成果的社会平均水平，即"做大居民可分配的蛋糕"的过程。

三是降低收入不平等。居民平均收入是一个整体概念，无法真实反映在一定的居民收入水平下异质性的居民（比如不同阶层、不同性别、不同地区）在共享经济增长成果方面存在的差异。降低收入不平等，能够改善居民对经济增长成果的分配格局，也就是"把蛋糕分配好"的过程。

综上所述，促进共享式增长主要有三条路径，这些路径相互关联，单独作用于某条路径，能够取得一定的效果，但可能会影响其他路径的实现程度，只有三条路径协同起来，才能真正有效提高经济增长的共享程度。财政支出作为总需求的重要组成部分在促进经济增长方面具有重要作用，同时通过财政性补贴等转移性支出（可直接增加居民收入）和教育等社会性支出（可提高人力资本和获取收入的能力），能够改善收入分配状况。可见，财政支出对共享式增长具有全面影响，在协同推进上述三条路径方面能够发挥重要作用。总体来说，财政支出影响共享式增长是通过激励经济增长（进而促进收入增长）和抑制收入不平等程度来实现的（徐俊武，2013；Hur 2014）。

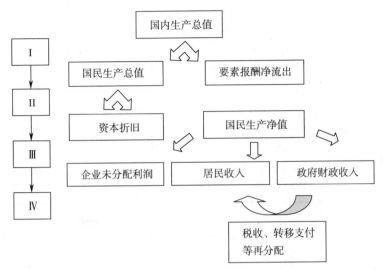

资料来源：欧阳煌：《居民收入与国民经济协调增长：理论与实证》，北京，经济科学出版社，2012。

图3.1 从国民生产总值到居民收入的四次分割[①]

尽管无法与现实中财政支出效果一一对应，但为了机制分析上的方便，笔者从财政职能分类的角度出发，将财政支出分为以促进经济增长为主要目标的经济性支出，以提高社会福利、促进社会公平为主要目标的社会性支出，以及用于政府行政运行、国防、公共安全等方面的一般性支出。众多研究已经验证了一般性支出不仅可以通过对其他两类支出的挤出和替代效应从而对经济增长和收入分配产生间接作用，而且可以通过维护政治和社会稳定等方面对经济增长和收入分配产生作用。但由于笔者以财政支出对共享式增长的影响为主题，主要关注财政支出的增长效应和分配效应，因此将分析重点放在经济性支出和社会性支出方面。

---

① 在国民收入核算体系中，从国内生产总值到居民收入会经历四次分割，其中，第Ⅲ次和第Ⅳ次分割分别构成了国民收入的初次分配和再分配。从中可以清晰看到，从衡量经济增长的最常用指标——国内生产总值到居民收入的过程中，还有一些影响居民收入占比和增速的因素，比如财政收入、企业未分配利润等。

表3.1　　　　　　　　　　　　财政支出不同分类的对应关系①

	购买性支出		转移性支出
经济性质分类	投资性支出	消费性支出	社会保障支出 财政补贴 税收支出
	农业支出 基础设施投资 基础产业支出	行政管理支出 国防支出 文教科卫支出	
政府职能分类	经济性支出	社会性支出	一般性支出
	工业支出 农业支出 基础设施支出	公共教育支出 公共卫生支出 社会保障支出 科技支出	行政管理支出 国防支出 公共安全支出

注：1. 经济性质分类参考：陈共：《财政学》，北京，中国人民大学出版社，2009。

　　2. 政府职能分类参考：桑贾伊·普拉丹（Sanjay Pradhan）：《公共支出分析的基本方法》，北京，中国财政经济出版社，2000。

　　财政支出对共享式增长的影响机制之一是财政支出的增长效应，主要通过经济事务支出、公共投资支出等经济性支出（增长效应Ⅰ表示）以及部分有利于人力资本积累的社会性支出（增长效应Ⅱ表示）作用于经济增长，进而提升居民部门的平均收入。

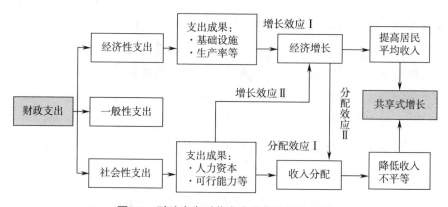

图3.2　财政支出对共享式增长的影响机制

---

　　① 按照经济性质和政府职能对财政支出进行分类，可以满足不同的财政支出分析需要。在此将具体的分项财政支出的类别归属和对应情况列出，主要考虑在对财政支出的增长效应和分配效应进行分析时，需要按照不同的角度对财政支出进行分类。比如在利用支出乘数分析财政支出对经济增长的短期作用时，需要将财政支出按照经济性质分为购买性支出和转移性支出，分别计算两类支出的乘数，而基于内生经济增长理论分析财政支出对经济增长的长期作用时，需要将财政支出按照职能分类将财政支出分为经济性支出和社会性支出。

财政支出对共享式增长的影响机制之二是财政支出的分配效应，主要通过公共教育支出、公共卫生支出、社会保障支出等社会性支出（分配效应Ⅰ）以及部分带有政策偏向性的经济性支出（分配效应Ⅱ），归宿于不同收入群体（或地区），导致不同收入群体（或地区）增长速度和幅度不一致，从而影响收入分配状况。

3.3　影响机制之一：财政支出的增长效应

促进经济增长是财政支出的基本职能之一。尤其在发展中国家，财政支出的首要目标往往是经济增长而不是收入分配（World Bank，2009；Hur，2014）。从短期看，财政支出的增长效应主要表现为财政支出对国民收入的乘数作用。财政支出的扩张意味着社会总需求的扩张，当国民经济出现总需求不足、总供给过剩的情况时，由总需求一端实现的总产出对均衡的国民收入具有决定性作用。当财政支出（如购买性支出）增加时，可以通过乘数作用直接增加总产出，增加均衡的国民收入。但同时财政支出的增加又会引起利率上升，对私人部门的投资产生一定的挤出效应，使得均衡的国民收入减少。利用IS-LM模型可以直观反映财政支出对国民收入的影响。IS表示初始产品市场状况，IS'表示增加财政支出后的产品市场状况。当利率保持不变时，国民收入由Y_0增加至Y_2，但由于财政支出增加提高了利率，会对私人投资产生一定的挤出效应，国民收入会减少至Y_1。因此，Y_0与Y_1之间为国民收入的实际增加值，而Y_1与Y_2之间为财政支出的挤出效应。

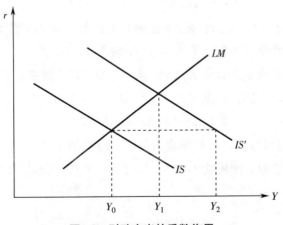

图3.3　财政支出的乘数作用

财政支出对社会总产出的乘数作用还可以用购买性支出乘数[①]和转移性支出乘数进行直观的数量分析。在三部门经济的产品市场中，国民收入均衡公式为

$$Y = C + I + G \qquad (1)$$
$$C = C_0 + b Y_d \qquad (2)$$
$$Y_d = Y - T = Y - tY \qquad (3)$$

上式中，Y 表示国民收入，C 表示消费支出，I 表示私人投资支出，G 表示政府的购买性支出，b 表示边际消费倾向，Y_d 表示可支配收入，T 表示税收，t 表示税率。

购买性支出乘数的计算公式为：$K_G = \Delta Y / \Delta TR$，即购买性支出变化引起的国民收入变化与购买性支出变化之比，根据式（1）、（2）、（3），可得

$$K_G = \Delta Y / \Delta G = 1 / [1 - b(1 - t)] \qquad (4)$$

从式（4）可以看出，购买性支出乘数为正值，表示购买性支出的增减与国民收入呈正方向变动，当政府增加购买性支出时，国民收入将增加支出增量的 $1 / [1 - b(1 - t)]$ 倍，而且边际消费倾向（b）越大，税率（t）越小，购买性支出乘数越大，国民收入增加越多。

同样地，转移性支出乘数的计算公式为：$K_G = \Delta Y / \Delta TR$，即转移性支出变化引起的国民收入变化与转移性支出变化之比，在式（3）的基础上，考虑转移性支出因素，可得

$$Y_d = Y - T + TR = Y - tY + TR \qquad (5)$$

根据式（1）、（2）、（5），可得

$$K_G = \Delta Y / \Delta TR = b / [1 - b(1 - t)] \qquad (6)$$

从式（6）可以看出，转移性支出乘数为正值，是购买性支出乘数的 b 倍，由于 $b \leqslant 1$，转移性支出乘数小于购买性支出乘数。

同样地，税收乘数的计算公式为：$K_T = \Delta Y / \Delta T$，即税收变化引起的国民收入变化与税收变化之比，根据式（1）、（2）、（3）可得

$$K_T = \Delta Y / \Delta T = - b / (1 - b) \qquad (7)$$

从式（7）可以看出，税收乘数为负值，说明税收增减与国民收入呈反方向变动，当政府增税时，国民收入减少，减少量为税收增量的 $b / (1 - b)$ 倍。

---

① 这里的购买性支出为狭义上的购买性支出，只考虑消费性支出，并不包括政府投资性支出形成的购买。

从以上基于凯恩斯主义的短期分析可以得出，政府通过增加购买性支出直接作用于总产出和国民收入，即使是主要作用于解决收入分配问题的转移性支出，客观上对国民收入也具有一定的扩张作用。财政支出的乘数作用在经济萧条时期显得更为突出，在繁荣时期，财政支出的乘数作用则不明显，而由于税收的影响，在长期内财政支出的作用被抵消。短期分析显然难以全面考察财政支出对经济增长的长期作用。在现实中，即使在经济繁荣时期和税收不断增加的情况下，财政支出仍然有不断扩大的趋势，其对经济增长也仍然有着显著作用。因此，有必要基于内生经济增长理论，分析财政支出对经济增长的长期作用。在这个方面，引用较为广泛的是Barro（1990）构建的基于财政支出的内生经济增长模型。

假设经济行为人无限期效用的现值为

$$U = \int_0^\infty u[\, c(\, t\,)\,]\ e^{-\rho t} dt$$

其中，ρ 为贴现因子，$c(\, t\,)$ 为 t 期人均消费。

假设即期效用函数为相对风险回避系数不变的函数形式

$$u[\, c(\, t\,)\,] = [\, c(\, t\,)^{1-\sigma} - 1\,] / (\, 1 - \sigma\,)$$

其中，σ 为相对风险回避系数，$\sigma > 0$。

假设生产函数为柯布-道格拉斯函数形式

$$y = f(\, k, g\,) = k \cdot f\left(\frac{g}{k}\right)$$

其中，y 为人均产出，k 为人均私人投资，g 为人均财政支出。

且该生产函数关于 k、g 分别是规模报酬递减，也即

$$f_k > 0, f_g > 0, f_{kk} < 0, f_{gg} < 0$$

假设政府必须保持财政预算平衡，那么

$$g = T = \tau y = \tau k f\left(\frac{g}{k}\right)$$

其中，τ 为单一税率，T 为税收收入。

对生产函数求偏导，可得私人投资的边际收益 f_k

$$f_k = \frac{\partial y}{\partial k} = f\left(\frac{g}{k}\right)\left(1 - f'\left(\frac{g}{k}\right) \cdot \frac{g}{y}\right) = f\left(\frac{g}{k}\right)(1 - \eta)$$

其中，$\eta = f'\left(\frac{g}{k}\right) \cdot \frac{g}{y}$ 表示 k 给定条件下的产出的财政支出弹性。根据欧拉方程，考虑到税收问题，可得加入财政支出之后的经济增长率为

$$\gamma = \frac{1}{\sigma}\Big[(1-\tau)f\Big]\frac{g}{k}\Big[(1-\eta)-\rho\Big]$$

若 τ、g/y 是常数，则经济增长率是稳定的，此时经济达到均衡状态。

在其他条件不变的情况下，若 τ、g/y 发生了变化，经济增长率也会发生变化。可以看到，$\partial\gamma/\partial\tau < 0$ τ 与经济增长率反向变动，当 τ 增加时，经济增长率会减小；反之，τ 减小时，经济增长率会增加。

对于 g/y，求经济增长率 γ 对它的偏导数，可得

$$\frac{\partial\gamma}{\partial(g/y)} = \frac{1}{\sigma}\cdot f\Big(\frac{g}{k}\Big)\Big(f'\Big(\frac{g}{k}\Big)-1\Big)$$

生产函数符合稻田条件，那么，当 g/k 很小时，$f'(g/k) > 1$，$\partial\gamma/\partial(g/y) > 0$，财政支出占总产出的比重越大，经济增长率越高；反之，当 g/k 很大时，$f'(g/k) < 1$，$\partial\gamma/\partial(g/y) < 0$，财政支出占总产出的比重越大，经济增长率越低。

综上所述，从长期看，财政支出的增长效应有如下特点：随着财政支出的不断增加，一方面会带来经济增长率的增加，另一方面由于财政支出增加会带来税收增加，会降低经济增长率，这两方面的作用同时并存。当财政支出规模较小时，财政支出占总产出的比重也较小，财政支出对经济增长的促进作用更为显著。但与此同时，随着财政支出规模的不断扩大，对经济增长的这种促进作用会不断削弱，当财政支出增加到一定程度时，税收增加对经济增长的阻碍作用会不断加强，此时财政支出对经济增长不仅没有促进作用，反而会因为支出规模过大产生不利的影响，经济增长率会下降。

上述分析主要是将财政支出作为一个整体变量纳入经济增长理论分析，即分析财政支出整体的增长效应。实际上，不同类别财政支出的增长效应有着不同的作用机理和传导路径。根据职能分类，可以将财政支出分为经济性支出、社会性支出和一般性支出[①]。其中，经济性支出的主要目标是促进经济增长（财政支出的增长效应Ⅰ），社会性支出的主要目标在于改善收入分配，但也通过提高劳动者的人力资本积累和可行能力，发挥一定的增长效应（财政支出的增长效应Ⅱ）。

经济性支出增长效应（即增长效应Ⅰ）的作用机理可以简单描述为：增加公共投资支出、经济事务支出等经济性支出，可以增加物质资本积累，提高

[①] 众多研究表明，一般性支出对经济增长和收入不平等都有一定影响，但不是笔者关注的重点。

工业和农业生产率，从而促进经济增长，经济增长能够带来更多的就业机会，扩大总供给，并降低产品价格，从而提高居民收入的平均水平。经济性支出增长效应的特点是：对经济增长的影响较为直接，在短期和中长期都能够发挥作用。

图3.4　财政支出的增长效应Ⅰ

社会性支出增长效应（即增长效应Ⅱ）的作用机理可以简单描述为：增加公共教育支出、公共卫生支出、社会保障支出等社会性支出，可以增加劳动者的人力资本积累，提升可行能力和劳动生产率，从而促进经济增长，而经济增长通过就业扩大、总供给增长和产品价格下降等渠道，提高居民平均收入。社会性支出增长效应的特点是：相比于经济性支出，对经济增长属于相对间接的影响，主要在中长期发挥作用。

图3.5　财政支出的增长效应Ⅱ

3.4　影响机制之二：财政支出的分配效应

改善收入分配是财政支出的重要职能之一。根据Afonso（2008）的研究，财政支出显著影响着收入分配，财政支出对收入分配的直接影响是通过现金支付或直接增加开销（如食品券、住房补贴、公共设施消费补贴），作用于居民的当期收入或支出能力，财政支出的间接影响是通过提高生产力和增加穷人的工作机会，从而提高居民未来获取收入的能力，比如公共教育支出提高穷人的人力资本。因此，从财政收入的分配职能的角度出发，可以将财政支出分为具有分配职能的财政支出和不具有分配职能的财政支出（Muinelo-Gallo，2013）。

表3.2 按照分配职能的财政支出分类

支出分类		具体支出
具有分配职能的财政支出[①]	直接效应	社会保障支出、住房保障与社区设施支出、财政补贴
	间接效应	公共教育支出、公共卫生支出
不具有分配职能的财政支出		一般公共服务支出、国防支出、公共秩序与安全支出、经济事务支出

资料来源：Gallo, Joint determinants of fiscal policy, income inequality and economic growth, 2013.

如前所述，财政支出之所以具有分配效应，本质上还是由于结构性的财政支出能够归宿于不同收入群体（或地区），从而影响收入分配格局。因此，考察财政支出分配效应的一个可行思路是将居民整体按照不同性质划分为不同组别的异质性居民（比如穷人和富人、农村与城市、资本所有者与劳动投入者），分析归宿于异质性居民的财政支出对居民收入增长速度和幅度的影响。

笔者借鉴吕炜和赵佳佳（2007）的研究，通过一个简单模型分析财政支出分配效应。沿着异质性居民的分析思路，假设有两类数量相同的经济主体，资本所有者用 A_n 表示，提供的资本总额为：$K = \sum_{i=1}^{n} K_i$，劳动投入者用 B_n 表示，提供的劳动总额为：$L = \sum_{i=1}^{n} L_i$。

为便于分析，假设 n 个资本所有者同质，n 个劳动投入者同质，生产函数采取柯布-道格拉斯函数形式

$$Y = AK^{\alpha}L^{\beta}$$

其中，$\alpha + \beta = 1$，α 表示生产中资本的份额，β 表示生产中劳动的份额，A 为常数。

假设经济内不存在财政支出，则有，生产成本 $C = rK + \omega L$，资本所有者提供的均衡资本总额为 $K^* = (Y^*/A)(r\beta/a\omega)^{-\beta}$，劳动投入者提供的均衡劳动总额为 $L^* = (Y^*/A)(r\beta/\omega a)^a$，均衡产出为 $Y^* = AK^*L^*$。

因此，资本所有者的总收入为 rK^*，劳动投入者的总收入为 ωL^*，可得两类

---

① 也有学者根据财政支出影响收入分配的作用时间，将财政支出的分配效应分为短期效应（通过转移支付、税收等手段进行短期调整）和长期效应（通过政府社会性支出实现长期调整），这种划分和直接效应、间接效应的划分实际上是一致的。

代表性居民的收入差距

$$gap = (rK^* - \omega L^*)/n = (Y^*/A_n)(1 - \beta/\alpha)r^\alpha \omega^{1-\alpha}$$

其中，资本收益率为r，工资率为ω。

根据经济常识，假设资本所有者的收入大于劳动投入者，则有$\alpha > 1/2$，总劳动力L不变。如果G随着K的增加而上升，则不会发生资本报酬递减。因此，财政支出促进了经济的内生增长，生产函数形式变为，$Y = AL^{1-\alpha}K^\alpha G^{1-\alpha}$。

由于财政支出可通过提高劳动者技能、提高劳动着积极性，从而进入生产函数，增加财政支出G能够提高K和L的边际产出。假设资本收益率保持不变，即$r' = r$，工资从ω上升到ω'。新的均衡产出可表示为$Y' = A(K)^\alpha(L)^{1-\alpha}G^{1-\alpha}$，资本所有者的收入变为$(Y'/A)G^{\alpha-1}[(1-\alpha)/\alpha\omega]^{\alpha-1}r^\alpha$，劳动投入者的收入变为$(Y'/A)G^{\alpha-1}[(1-\alpha)/\alpha\omega']^\alpha r^\alpha \omega'$。则有，两类代表性居民的收入差距变为

$$gap' = (Y'/A_n)G^{\alpha-1}[(1-\alpha)/\alpha\omega']^{\alpha-1}r^\alpha(1-\beta/\alpha)$$

比较不存在财政支出的经济和存在财政支出的经济中的两类代表性居民的收入情况，则有

$$\Delta gap = gap' - gap = \frac{r^\alpha\left(1 - \dfrac{\beta}{\alpha}\right)}{A_n}\left(Y'G^{\alpha-1}\left(\frac{\beta}{\alpha}\right)(\omega')^{1-\alpha} - Y^*\omega^{1-\alpha}\right)$$

如果财政支出G发挥分配效应，则有，$\Delta gap = gap' - gap < 0$，由于$Y' > Y^*$，$\omega' > \omega$，$0 < \beta/\alpha < 1$，所以要想$gap' - gap < 0$，$G^{\alpha-1}$应该尽可能地小。由于$G^{\alpha-1}$为减函数，因此，$G$越大，对改善收入分配的力度越大。上述分析主要是将财政支出作为一个整体变量纳入收入分配的分析，即分析财政支出整体的分配效应，实际上，不同类别财政支出的分配效应有着不同的作用机理和传导路径。财政支出分配效应产生的根本原因在于结构性、偏向性的财政支出政策归宿于不同群体和不同地区，从而导致群体间、地区间的经济增长（收入增长）的非平衡和不同步，从而影响收入分配格局。

经济性支出分配效应（即分配效应Ⅰ）的作用机理可以简单描述为：以促进经济增长为主要目标的经济性支出（比如，公共投资支出、经济事务支出等），归宿于不同群体（城市和农村）和不同地区，导致非平衡的经济增长[1]，进而使得不同群体、不同地区的居民收入增长不同步，如果穷人或者欠发达地

---

[1] 当然，导致经济增长水平和速度不同的因素并非只有结构性、偏向性的财政支出政策，各地区的资源禀赋、技术进步、劳动生产率等都会有影响。

区居民的收入增长速度高于富人或者发达地区，则收入不平等将相对降低①。经济性支出分配效应的特点是主要通过非平衡的经济增长对收入分配产生间接影响，对收入分配格局的影响较为持久。

图3.6　财政支出的分配效应 I

社会性支出分配效应的作用机理可以简单描述为：以提高社会福利、促进社会公平为目标的社会性支出（比如，公共教育支出、公共卫生支出、社会保障支出等），归宿于不同群体（城市和农村）和不同地区，可以通过直接增加穷人收入或增加穷人未来收入能力，使得穷人的收入增长速度高于富人，则收入不平等降低。社会性支出分配效应的特点是：通过增加收入或者增强未来获取收入的能力而直接作用于收入分配，对收入分配格局既有当期影响，也有中长期影响。

图3.7　财政支出的分配效应 II

3.5　本章小结

本章在回顾新剑桥学派"收入分配-经济增长"模型的基础上，通过过剩经济条件下基于消费引致投资的乘数-加速数模型分析，得出在一定条件下，经济增长和收入不平等降低并非不可兼得，而是可以兼容的，说明了提倡经济增长与收入不平等降低的共享式增长具有理论上的可行性，而且政府公共政策是平衡经济增长与收入不平等关系的重要变量。作为政府公共政策重要组成部分的财政支出政策在促进共享式增长过程中能够发挥重要作用。鉴于此，本章从共

---

① 财政支出也可以归宿于富人和发达地区，从而产生对收入分配的逆向调节，理论上将这种现象称为财政支出的"领导人法则"，但这里讨论的财政支出的分配效应主要关注财政支出对收入分配的改善功能。

享式增长的概念界定和核心议题出发，认为提高经济增长共享程度可以通过促进可持续的经济增长、提高居民平均收入、降低收入不平等这三条相互关联的路径。单独作用于某条路径，能够取得一定的效果，但可能会影响其他路径，只有三条路径协同起来，才能真正有效促进共享式增长。

本章还总结了财政支出影响共享式增长的两个影响机制（即财政支出的增长效应和分配效应），并对不同类型财政支出（经济性支出和社会性支出）的两种效应进行了分析。基于理论和机制分析，可以得出以下几个方面的待验证命题：

一是社会性支出（如公共教育支出、公共卫生支出、社会保障支出等）能够降低收入不平等，并有助于长期经济增长，增加居民人均收入。因此，社会性支出能够促进共享式增长。

二是经济性支出（如公共投资支出、经济事务支出等）具有显著增长效应，但对收入不平等影响不确定。因此，经济性支出对共享式增长的净影响不确定。

三是一般性支出（如国防支出、公共安全支出）在短期内对共享式增长没有显著作用，长期作用不确定。

四是由于产出弹性和资源稀缺程度不同等原因，即使是同一职能分类的分项财政支出，其增长效应和分配效应会存在一定差异，从而对共享式增长的综合影响也存在差异。

表3.3　　　　　　　　　主要分项支出影响共享式增长的理论预期

分项支出	增长效应	分配效应	对共享式增长的综合影响
公共教育支出	促进	改善	促进
公共卫生支出	促进	改善	促进
社会保障支出	不确定	改善	不确定
公共投资支出	促进	不确定	不确定
经济事务支出	促进	不确定	不确定
一般性支出	不确定	不确定	不确定

资料来源：作者自行整理。

第4章　我国财政支出与共享式增长的现状分析

4.1　我国财政支出的现状分析

4.1.1　我国财政支出总量分析

财政支出总量既可以用财政支出总量的绝对数指标来度量，也可以用占GDP比重、增长率和增长弹性系数来度量。从绝对数看，我国财政支出规模的名义值从1978年的1122.09亿元上升至2014年的151662亿元。从财政支出占GDP的比重（名义值计算）看，1978年以来该比重的总体趋势呈现出近似于V型的结构特征，从1978年30.78%逐年下降到1997年的11.69%，之后又逐步回升至2014年的23.84%。从财政支出增长率（名义值计算）看，除了1980年和1981年两年出现负增长外，其他年份均为正增长，绝大多数年份均实现了10%以上的增长。从财政支出增长弹性系数[①]看，以1997年为分界线，1997年之前，财政支出增长弹性系数一般小于1，1997年之后，财政支出增长弹性系数一般大于1，在部分年份（1998年、1999年、2009年）甚至高于2。说明这些年份财政支出名义增长率是GDP名义增长率的2倍以上，这一方面与这些年份处于金融危机发生初期，经济增长率下降有关，另一方面也从侧面反映了为应对金融危机，财政支出力度有所增加。

---

① 财政支出增长弹性系数为财政支出名义增长率与GDP名义增长率之比，弹性系数大于1，说明财政支出名义增长速度快于GDP名义增长速度。

表4.1 财政支出总量的时序比较

年份	财政支出（亿元）	支出/GDP（%）	增长率（%）	支出增长弹性系数
1978	1122.09	30.78	—	—
1979	1281.79	31.55	14.23	1.24
1980	1228.83	27.03	−4.13	−0.35
1981	1138.41	23.27	−7.36	−0.97
1982	1229.98	23.11	8.04	0.91
1983	1409.52	23.64	14.60	1.22
1984	1701.02	23.60	20.68	0.99
1985	2004.25	22.23	17.83	0.71
1986	2204.91	21.46	10.01	0.72
1987	2262.18	18.76	2.60	0.15
1988	2491.21	16.56	10.12	0.41
1989	2823.78	16.62	13.35	1.03
1990	3083.59	16.52	9.20	0.93
1991	3386.62	15.55	9.83	0.59
1992	3742.20	13.90	10.50	0.44
1993	4642.30	13.14	24.05	0.77
1994	5792.62	12.02	24.78	0.68
1995	6823.72	11.22	17.80	0.68
1996	7937.55	11.15	16.32	0.96
1997	9233.56	11.69	16.33	1.49
1998	10798.18	12.79	16.94	2.46
1999	13187.67	14.71	22.13	3.54
2000	15886.50	16.01	20.46	1.92
2001	18902.58	17.24	18.99	1.80
2002	22053.15	18.33	16.67	1.71
2003	24649.95	18.15	11.78	0.91
2004	28486.89	17.82	15.57	0.88

续表

年份	财政支出（亿元）	支出/GDP（%）	增长率（%）	支出增长弹性系数
2005	33930.28	18.35	19.11	1.22
2006	40422.73	18.69	19.13	1.13
2007	49781.35	18.73	23.15	1.01
2008	62592.66	19.93	25.74	1.42
2009	76299.93	22.38	21.90	2.56
2010	89874.16	22.38	17.79	1.00
2011	109247.79	23.09	21.56	1.21
2012	125952.97	24.25	15.29	1.56
2013	140212.10	24.65	11.32	1.19
2014	151662.00	23.85	10.20	0.69

资料来源：作者根据《中国统计年鉴》自行计算。

从国际比较看，1990年以来，我国的财政支出占GDP比重与发达国家代表七国集团的平均值相比有较大差距，但差距在逐步缩小，从1990—1999年的23.65%下降至2008—2013年的9.39%。与新兴十一国和金砖国家的平均值相比，我国的这一比重也相对较低，但差距并不是太大。

表4.2　　　　　　　　　　财政支出总量的国际比较[①]　　　　　　单位：%

时间	中国	二十国集团	七国集团	新兴十一国	金砖国家
1990—1999	13.27	26.30	36.92	16.02	21.15
2000—2007	17.91	24.14	29.66	19.15	22.55
2008—2013	22.78	28.23	32.17	24.60	25.42

资料来源：中国数据根据《中国统计年鉴》计算，国际数据来自世界银行WDI数据库。

---

① 二十国集团的数据包括阿根廷、澳大利亚、巴西、加拿大、法国、德国、印度、印度尼西亚、意大利、日本、韩国、墨西哥、俄罗斯、南非、土耳其、英国、美国等17个经济体数据的平均值。七国集团的数据包括加拿大、德国、法国、日本、意大利、英国、美国等7个经济体数据的平均值。新兴十一国数据包括阿根廷、巴西、印度、印度尼西亚、韩国、墨西哥、俄罗斯、南非、土耳其等9个新兴经济体数据的平均值。金砖国家数据包括巴西、俄罗斯、印度、南非等4个经济体数据的平均值。为便于中国与以上组别国家的比较，计算以上组别平均值时，已剔除中国数据。

4.1.2　我国财政支出结构分析

财政支出结构是各类财政支出占财政支出总量的比重，反映了财政资源在履行政府职能过程中的配置与分布。财政支出结构既包括纵向结构（中央与地方），也包括横向结构（不同类型的分项财政支出）。

（1）从中央和地方的纵向结构看，地方财政支出比重持续升高。改革开放以来，地方财政支出占总支出比重由1978年的52.58%上升到2014年的85.12%，期间虽有小幅波动，但上升趋势十分明显。财政支出比重应该与财政收入比重结合来看，地方财政收入比重在1994年分税制改革之前平均值为70.15%，之后长期在50%以下，2011年以来超过50%，2014年上升至54.05%。从财政收支比重可以看出，地方财政支出比重目前已超过80%，而相应的财政收入比重仅为50%，这意味着大量财政支出款项由中央政府通过转移支付的方式拨付地方政府。

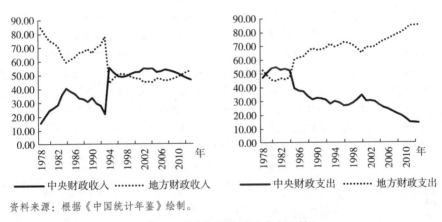

资料来源：根据《中国统计年鉴》绘制。

图4.1　中央与地方财政收支比较

（2）从职能分类的横向结构看，经济性支出占比逐步下降，社会性支出占比逐步升高。经济性支出占GDP比重和总支出比重分别从"六五"时期的13.43%、56.35%下降为"十一五"时期的5.76%、28.05%，但2008年之后逐年上升，2014年分别为7.61%、31.89%，这与国际金融危机之后政府采取积极财政政策有关。社会性支出占GDP比重和总支出比重分别从"六五"时期的4.17%、17.57%上升到"十一五"时期的5.99%、29.34%，2011年之后则分别升至7%和30%以上。

表4.3　　　　　　　1981—2014年经济性支出与社会性支出比较分析

时间	经济性支出		社会性支出	
	占GDP（%）	占总支出（%）	占GDP（%）	占总支出（%）
六五	13.43	56.35	4.17	17.57
七五	8.83	48.83	3.63	20.25
八五	5.48	41.59	2.93	22.25
九五	5.11	38.70	3.42	25.53
十五	5.31	29.57	5.28	29.35
十一五	5.76	28.05	5.99	29.34
2011	7.17	31.06	7.19	31.16
2012	7.42	30.59	7.91	32.61
2013	7.75	31.42	7.87	31.93
2014	7.61	31.89	7.69	32.25

注：由于政府收支分类改革，2007年前后统计口径有所变化。其中，经济性支出2007年之前口径为经济建设支出，2007—2014年口径为城乡社区事务+农林水事务+交通运输事务+资源勘探电力信息等事务+商业服务业等事务+金融监管等事务支出+国土资源气象等事务+粮油物资储备事务。社会性支出口径为公共教育支出+公共卫生支出+社会保障支出。其中，1981—1991年公共教育支出数据来自《新中国五十五年统计资料汇编》，统计口径为预算内教育支出，1992—2014年公共教育支出数据来自《中国统计年鉴》，统计口径为公共财政教育支出。公共卫生支出数据来自《中国统计年鉴》，统计口径为政府卫生支出。社会保障支出数据来自《中国统计年鉴》，2007年之前统计口径为抚恤支出+离退休费+社会救济福利费+救灾支出（参照徐俊武，2013），2007年之后统计口径为社会保障与就业支出（参照孙文基，2011；周业安等，2012；丁少群等，2013）。如无特殊说明，笔者关于经济性支出、社会性支出、公共教育支出、公共卫生支出、社会保障支出的数据来源和处理方法与此表一致。

资料来源：经济性支出和社会性支出数据根据《中国统计年鉴》和《新中国五十五年统计资料汇编》计算。

（3）从具体支出项目的横向结构看，教育、卫生和社会保障支出比重近年来有所升高，一般公共服务比重逐步下降，国防支出比重较为稳定。公共教育支出占总支出的比重逐年上升，从"六五"时期的10.7%上升到2014年的15.10%。科技支出占总支出比重从"六五"时期的5.38%下降为"九五"时期的4.13%，之后比重较为稳定，基本维持在3.5%~5%区间内，2014年为3.46%。公共卫生支出占总支出比重维持在5%~7%区间内，呈现近似于V型的走势，从"七五"时期的5.8%下降为"十五"时期的4.4%，之后逐年回升，2014年达到6.65%。社会保障支出占总支出比重在"十五"时期较"九五"时期之前有了大幅提升，基本稳定在10%左右，2014年达到10.49%。国防支出占总支出比重从"六五"时期的12.94%下降为2014年的5.33%。一般公共服务支出占总支出比重自2007年以来逐年下降，从17.1%下降为2014年的8.75%。

表4.4 　　　　　　　　　　　　主要支出项目比重变动情况[①] 　　　　　　　单位：%

时间	公共教育支出	科技支出	公共卫生支出	社会保障支出	国防支出	一般公共服务
六五	10.70	5.38	5.20	1.67	12.94	NA
七五	12.75	4.81	5.80	1.70	9.09	NA
八五	15.21	4.74	5.92	1.74	9.57	NA
九五	15.09	4.13	5.26	6.00	8.46	NA
十五	14.65	3.83	4.40	11.02	7.63	NA
十一五	15.84	3.67	5.60	10.55	6.72	13.79
2011	16.31	3.50	6.83	10.17	5.52	10.06
2012	16.12	3.54	6.69	9.99	5.31	10.08
2013	15.26	3.63	6.81	10.33	5.29	9.81
2014	15.10	3.46	6.65	10.49	5.33	8.75

注：NA表示无该数据。

资料来源：《中国统计年鉴》、《新中国五十五年统计资料汇编》。其中，公共教育支出、公共卫生支出和社会保障支出来源与表4.3相同。科技支出来自《中国统计年鉴》，统计口径为国家财政用于科学研究的支出。国防支出来自《中国统计年鉴》。一般公共服务支出为2007年财政收支分类改革后新增科目，无法与之前的行政管理支出一一对应。因此只取2007年之后数据，"十一五"期间数据为2007—2010年平均数。

（4）从具体支出项目的央地结构看，大部分支出项目由地方政府支出。从具体比重看，外交、国防等支出主要由中央政府支出，分别占到了99.60%和97.17%，这是外交和国防作为全国性公共物品的性质决定的；教育、卫生、社会保障等社会性支出主要由地方政府支出；金融监管事务、粮油物资储备事务等经济性支出由中央和地方分摊支出。

[①] 因2007年进行了政府财政收支分类改革，2007年之前与2007年之后的分项支出数据口径不统一，笔者结合部分文献中对支出口径合并调整办法（孙文基，2011；周业安等，2012；丁少群等，2013；徐俊武，2013），对收支分类改革前后的数据进行合并调整，尽可能获取类型较多、时间较长、前后可比的分项财政支出数据。需要指出的是，由于改革前后口径无法完全对应，笔者有关数据的计算结果可能有误差，但这些误差不影响对财政支出结构和变化趋势的总体判断。

表4.5　　　　　　　　2014年各支出项目在中央和地方的支出比重　　　　单位：%

层级	一般公共服务	外交	国防	公共安全	教育	科学技术
中央	7.91	99.60	97.17	17.68	5.44	45.85
地方	92.08	0.40	2.83	82.32	94.56	54.15
层级	商业服务业等事务	金融监管等事务	灾后恢复重建支出	援助其他地区支出	国土气象等事务	住房保障支出
中央	1.80	48.49	0.00	0.00	17.31	8.04
地方	98.20	51.51	0.00	100.00	82.69	91.96
层级	文化体育与传媒	社会保障和就业	卫生	节能环保	城乡社区事务	农林水事务
中央	8.29	4.38	0.89	9.03	0.13	3.81
地方	91.71	95.61	99.11	90.97	99.87	96.19
层级	粮油物资储备事务	国债还本付息支出	其他支出	交通运输	资源勘探电力信息等事务	
中央	59.86	72.59	3.99	7.03	7.25	
地方	40.14	27.41	96.01	92.97	92.75	

资料来源：根据2015年《中国统计年鉴》整理。

（5）从国际比较看，我国的政府消费性支出占GDP比重较其他二十国集团成员国更低。从政府消费性支出占GDP比重看，我国从1960—1969年的12.58%逐步上升至2000—2007年的14.74%，之后几年有所回落，国际金融危机之后均值为13.52%。观察同一时期的其他国家分组数据，作为发达国家代表的七国集团，该比重一直高于我国，且两者差距从1960—1969年的3.27%拉大到2008—2013年的7.07%。在可比性较强的新兴十一国和金砖国家比较中，我国的比重也是相对较低的。即使是在中高收入组中，2008年后我国也低于中高收入组的平均水平。政府消费性支出反映了政府作为一个经济主体参与经济生产活动的情况。发达国家的政府一般很少直接参与经济生产活动，财政的作用范围侧重于收入分配和经济稳定，转移性支出占比较高，消费性支出和投资性支出占比较低。发展中国家则相反，消费性支出尤其是投资性支出较高，转移性支出较低。这一特点从补贴与转移支付（转移性支出的重要组成部分）的数据可以看出，新兴十一国和金砖国家的数据远低于七国集团。我国在消费性支出数据上相对较低的可能原因是，财政支出总体规模本来就低于其他国家分组数据（前文已对总支出占GDP比重进行了分析），而投资性支出比重较其他国家更高（尽管WDI没有提供中国的政府投资性支出数据，但这个判断符合常识），造成政府消费性支出比重较低。

表4.6　　　　　　按经济性质分类的财政支出结构国际比较[①]　　　　单位：%

指标	时间	中国	中高收入组	二十国集团	七国集团	新兴十一国	金砖国家
政府消费性支出[②]	1960—1969	12.58	11.07	12.50	15.85	10.31	10.55
	1970—1979	12.59	12.19	14.28	18.02	11.21	11.42
	1980—1989	14.55	12.93	15.83	19.25	13.21	14.88
	1990—1999	14.80	14.62	16.48	18.91	14.63	17.12
	2000—2007	14.74	14.65	16.66	19.15	14.84	16.77
	2008—2013	13.52	14.77	17.66	20.59	15.61	18.19
补贴与转移支付[③]	1960—1969	NA	NA	NA	NA	NA	NA
	1970—1979	NA	NA	NA	NA	NA	NA
	1980—1989	NA	NA	NA	NA	NA	NA
	1990—1999	NA	NA	14.18	22.72	7.25	8.45
	2000—2007	NA	NA	13.88	18.78	9.95	11.60
	2008—2013	NA	NA	17.17	20.77	14.08	14.94

注：NA表示无该数据。
资料来源：根据世界银行WDI数据库自行整理。

（6）从国际比较看，我国的公共卫生支出、公共教育支出占GDP比重较其他二十国集团成员国更低，国防支出保持稳定比重。尽管我国的公共卫生支出从1970—1979年的0.98%上升至2008—2013年的2.72%，但与七国集团的6%~8%的比重相比还有较大差距，即使与金砖国家和新兴十一国这些经济发展水平相

① 二十国集团、七国集团、新兴十一国、金砖国家的数据口径同前文，中高收入组参照世界银行分类。

② 根据WDI释义，政府消费性支出包括政府为购买货物和服务（包括雇员薪酬）而发生的所有经常性支出，还包括国防和国家安全方面的大部分支出，但不包括政府军费支出，该项支出属于政府资本形成。

③ 按照WDI释义，补贴与其他转移支付是指补贴、捐赠和其他社会福利，包括所有转移至私营和公共企业经常账户的无报酬且无须偿还的拨款；提供给外国政府、国际组织和其他政府单位的捐赠；以及现金或实物形式的社会保障、社会援助福利和用人单位社会福利。

近的国家相比，也处于相对较低的位置。公共教育支出也呈现出相似特点，2008—2013年七国集团的平均水平已超过5%，二十国集团、新兴十一国、金砖国家平均水平也在4.5%以上，而同一时期我国数据的平均值仅为3.42%。国防支出方面，我国与其他国家分组的平均水平没有明显差异，都维持在2%左右，2000年以来，我国的数据还略高于七国集团。

表4.7 按职能分类的财政支出结构国际比较[①] 单位：%

指标	时间	中国	中高收入组	二十国集团	七国集团	新兴十一国	金砖国家
公共卫生支出	1960—1969	NA	NA	NA	NA	NA	NA
	1970—1979	0.98	NA	NA	NA	NA	NA
	1980—1989	1.16	NA	NA	NA	NA	NA
	1990—1999	1.80	2.71	4.21	6.47	2.55	2.83
	2000—2007	1.80	2.74	4.63	7.04	2.85	2.74
	2008—2013	2.72	3.31	5.34	8.06	3.37	3.22
国防支出	1960—1969	NA	NA	NA	NA	NA	NA
	1970—1979	NA	NA	NA	NA	NA	NA
	1980—1989	2.59	2.51	3.36	2.95	3.76	3.24
	1990—1999	2.03	2.02	2.91	2.33	3.40	3.29
	2000—2007	2.06	1.81	2.33	1.98	2.62	2.38
	2008—2013	2.08	1.84	2.26	2.06	2.44	2.30
公共教育支出	1960—1969	NA	NA	NA	NA	NA	NA
	1970—1979	1.78	NA	4.23	5.07	2.76	NA
	1980—1989	1.98	NA	4.11	5.18	3.03	NA
	1990—1999	1.84	4.00	4.28	4.91	3.72	4.61
	2000—2007	2.66	4.26	4.48	4.84	4.20	4.15
	2008—2013	3.62	4.91	4.91	5.01	4.80	4.73

注：所有数据为财政支出占GDP比重，NA表示无该数据。

资料来源：1970—1979年、1980—1989年的中国公共卫生支出、2000—2007年、2008—2013年的中国公共教育支出占GDP比重，根据《中国统计年鉴》计算，其余数据根据世界银行WDI数据库整理。《中国统计年鉴》与WDI数据可能存在口径不一致，但基本反映了各项支出占GDP比重的总体趋势。

---

① 国家分组数据口径同前文。

4.2 我国共享式增长的现状分析

4.2.1 共享式增长指数构建

笔者在文献综述部分对现有文献构建的共享式增长指数进行了全面总结。总体来说，有两条构建思路：第一条思路可称为"社会福利路径"，即基于不同社会福利函数的选择，主要围绕经济增长与总体福利、经济增长与不平等、经济增长与贫困、经济增长与不平等和贫困等四个关联紧密的议题进行指数构建。第二条思路可称为"社会机会路径"，即基于社会机会函数分析，围绕经济增长与机会平等相互之间的关系进行指数构建。从构建的方法上看，主要包括合成不同维度指标的综合指数法、关注增长与福利相关关系的脱钩指数法、利用衡量不平等的系数对增长或福利指标进行调整的不平等系数调整法、基于微观分组数据的社会机会函数法、计算经济增长的减贫弹性的弹性系数法、计算贫困率和基尼系数均值的简单平均法。

笔者在考虑共享式增长概念和数据可得性的基础上，沿着上述的第一条路径即社会福利路径构建共享式增长指数。原因如下：一是正如卢现祥等（2009）所指出的，增长与不平等的权衡是与社会福利函数的选择紧密联系在一起的，笔者界定的共享式增长是伴随收入不平等下降、居民平均收入同步提升的经济增长，强调经济增长的可持续性以及增长成果的共享。因此，笔者的共享式增长概念本质上属于社会福利范畴，而且更加侧重于对结果的考察，更加适合在社会福利路径下度量共享式增长。二是从数据可得性方面看，沿着社会机会路径构建共享式增长指数，需要利用微观分组数据计算不同分组的人群的平均机会水平和机会平等性，而且该指数只能分别计算不同类别经济机会（如教育、医疗、基础设施）的指数，而无法通过合适的方法进行加总，加之微观数据的可得性较差，因此，无法全面反映经济增长的共享程度。

在确定沿着社会福利路径构建共享式增长指数后，笔者结合阿玛蒂亚·森提出的社会福利指数和脱钩指数方法，构建了一个全新的共享式增长指数。1976年，著名经济学家、诺贝尔经济学家获得者阿玛蒂亚·森提出了一个社会福利指数[①]，其基本计算公式为：$W = \mu(1 - G)$，其中 W 为福利值，μ 为人均收

---

① 为简单起见，笔者将阿玛蒂亚·森构建的社会福利指数简称为Sen指数。

入，G 为基尼系数，该福利指数可以直观地解释为经由不平等程度 G 向下修正过的人均收入（μ）的大小。其基本推导过程（胡志军，2012）如下：

假设 $X=(x_1,\cdots,x_n)$ 为按照升序排列的社会收入分布，社会福利函数用 $\omega(X)$ 表示。定义一个具有社会福利性质的不平等系数：$I=1-\delta/\mu$，其中 $\mu=\sum_{i=1}^{n}x_i/n$，即人均收入，δ 是在平均分配条件下的同等收入值，满足条件 $\omega(\delta\cdot\vec{1})=\omega(X)$。在一定的条件下，$\delta$ 与 $\omega(X)$ 具有一一对应的关系。

当 $\omega(X)=\varphi(\sum_{i=1}^{n}(2n-2i+1)\ x_i)$ 时，可得在该福利函数下，平均分配条件下的同等收入值 $\delta=(\sum_{i=1}^{n}(2n-2i+1)\ x_i)/n^2$，基尼系数 $G=1-\delta/\mu$。其中，$\phi(\cdot)$ 为单调增函数，该福利函数赋予穷人更大的权重，赋予富人更小的权重。

因此，基尼系数 G 是一个具有社会福利性质的不平等指标，将 $G=1-\delta/\mu$ 进行变化，可得平均分配的同等收入值 $\delta=\mu(1-G)$，在一定条件下，社会福利函数 $\omega(X)$ 与 δ 一一对应，则有 $W=\mu(1-G)$，可以作为衡量社会福利的指标。

从 $W=\mu(1-G)$ 的构造可以看出，社会福利的提升，可以通过三种途径：一是提高人均收入 μ；二是提高平等系数（$1-G$），即降低基尼系数 G；三是提高人均收入 μ 的同时，降低基尼系数 G。对该社会福利指数进行微分，可以得出：

$$dW=(1-G)\times d\mu-dG\times\mu$$

上式也可以写成以下形式，用以表示福利变化率的分解：

$$\frac{dW}{W}=\frac{d\mu}{\mu}-\frac{dG}{1-G}$$

上述对阿玛蒂亚·森社会福利指数的分解，与 Anand 指数对于 $\bar{y}^*=\omega\times\bar{y}$ 的分解[①]十分类似，笔者借鉴 Anand 指数的福利分析矩阵，构建了阿玛蒂亚·森社会福利指数的福利分析矩阵，利用该矩阵可以动态而全面地考察人均收入增长和收入分配改善对于社会福利和共享式增长的综合影响。

---

① 具体分解过程详见笔者第2章对 Anand 指数的介绍。

表4.8 阿玛蒂亚·森社会福利指数的福利分析矩阵

$d\mu>0$	$dG<0$	人均收入增长的同时，收入分配改善，社会福利增加
	$dG>0$	人均收入增长的同时，收入分配恶化，社会福利增减不确定（当$d\mu>dG$时，社会福利增加；当$d\mu<dG$时，社会福利减少）
$d\mu<0$	$dG<0$	人均收入降低的同时，收入分配改善，社会福利增减不确定（当$|d\mu|<|dG|$时，社会福利增加；当$|d\mu|>|dG|$时，社会福利减少）
	$dG>0$	人均收入降低的同时，收入分配恶化，社会福利减少

资料来源：作者参照Anand指数的分析矩阵自行整理。

　　阿玛蒂亚·森提出社会福利指数$W=\mu(1-G)$后，许多学者对该指数进行了拓展研究，Ram（1992）将Sen社会福利指数中的人均收入M用人均实际GDP和人均实际GNP替代，提出一个新的指数$S=RY(1-G)$，用以进行跨国研究。鉴于Ram的福利指数在数据尤其是跨国数据上的可得性强，国内学者在研究中更多地使用Ram的福利指数，比如，刘长生（2009）在其构建的社会福利指数中将实际人均GDP增长率替代RY，孙荣（2011）用GDP增加值代替RY。可以看到，国内学者对阿玛蒂亚·森提出的社会福利指数有一定程度的误用，即使是用Ram（1992）改造后的新指数$S=RY(1-G)$作为比照，这些用法也存在一定问题。对此，也有学者（杨缅昆，2009）进行了批评，认为人均GDP和人均实际收入不能混为一谈，GDP表示一定时期内社会总产出规模，包括很多居民无法直接支配的项目，比如GDP中的折旧项目。因此，个人收入仅仅是GDP的组成部分，彼此并不存在相互替代的关系。用居民个人收入计算的基尼系数调整具有社会产出性质的GDP，在理论上缺乏足够支撑，因为这两个指标的口径截然不同，而用人均GDP增长率替代RY更是缺乏理论根据。鉴于此，笔者在使用阿玛蒂亚·森提出的社会福利指数时，将严格遵照该指数构造的基本思路，使用扣除价格因素后的人均实际收入数据。当然，这样处理也存在一些问题，比如我国并没有直接的人均收入统计，而是城乡分开统计，笔者只能利用城乡人口比重、城镇人均可支配收入、农村人均纯收入通过城乡加权的方法计算城乡统一的人均收入。尽管如此，笔者还是摒弃简单用人均GDP或者GNI（这两个数据有城乡统一数据）替代人均收入的做法，使用城乡加权法计算和扣除价格因素的人均收入，以求更加贴近阿玛蒂亚·森提出的社会福利指数。

在利用阿玛蒂亚·森提出的社会福利指数计算社会福利的基础上，为考察经济增长转化为社会福利的情况，即经济增长的共享程度，笔者引入脱钩指数（decoupling index）方法进行分析。脱钩原是物理学上的概念，是指具有关联关系的两个或者多个物理量之间的响应关系减弱的状态，脱钩指数在经济学意义上，主要有两种计算公式：一是OECD（2002）基于期初值和期末值相对变化提出的脱钩指数。二是Tapio（2005）基于增长弹性概念提出的脱钩指数，$DI = \%\Delta W / \%\Delta GDP$。Tapio脱钩指数能够有效避免OECD脱钩指数由于极端期末值和期初值可能引起的计算误差，从而更加准确地反映两个变量之间的脱钩关系。

基于阿玛蒂亚·森提出的社会福利指数和Tapio脱钩指数的计算公式，笔者提出一个新的共享式增长指数（IGI，inclusive growth index）

$$IGI_t = \frac{\Delta W / W}{\Delta RGDP / RGDP} = \frac{[\mu_t(1 - G_t) - \mu_{t-1}(1 - G_{t-1})]/\mu_{t-1}(1 - G_{t-1})}{(RGDP_t - RGDP_{t-1})/RGDP_{t-1}}$$

其中，μ_t为t期的人均实际收入，μ_{t-1}为t-1期的人均实际收入，G_t为t期的基尼系数，G_{t-1}为t-1期的基尼系数，$RGDP_t$为t期的人均实际GDP，$RGDP_{t-1}$为t-1期的人均实际GDP。在IGI的取值方面，借鉴Kakwani和Pernia对益贫式增长指数的分组，可以初步界定[1]：当$IGI > 1$时，经济增长为高度共享；当$0.6 < IGI < 1$时，经济增长为中度共享；当$0 < IGI < 0.6$时，经济增长为低度共享；当$IGI < 0$时，经济增长不具有共享特征。

为进一步分析共享式增长指数的经济含义，IGI_t分别对人均实际收入增长率（$\Delta\mu_t/\mu_{t-1}$）和基尼系数变化率（$\Delta G_t/G_{t-1}$）求导，可得

$$\frac{d\,IGI_t}{d(\Delta\mu_t/\mu_{t-1})} = \frac{(1 - G_t)/(1 - G_{t-1})}{(RGDP_t - RGDP_{t-1})/RGDP_{t-1}} \tag{1}$$

$$\frac{d\,IGI_t}{d(\Delta G_t/G_{t-1})} = \frac{-\mu_t/(\mu_{t-1})}{(RGDP_t - RGDP_{t-1})/RGDP_{t-1}} \tag{2}$$

---

① 需要指出的是，这个分组只是初步界定，当经济形势更加复杂时，比如经济增长停滞或者经济衰退时，可能会出现经济增长率为负，社会福利增长率为负的情况，如果后者绝对值大于前者，就会出现 *IGI* 大于1的情况，但这种情况下肯定不是我们所希望看到的共享式增长的局面。因此，当出现经济衰退时，需要慎重观察经济增长率和社会福利的变动方向，笔者所采用的 *IGI* 分组可能不适用。当然，用 *IGI* 分析中国改革开放至今的共享式增长情况还是适用的。

在式（1）中，根据共享式增长的定义，经济增长是共享式增长的前提条件，分母的约束条件为 $(RGDP_t-RGDP_{t-1})/RGDP_{t-1}>0$，即人均实际GDP增长率大于0，$G_t$ 为基尼系数，一般来说，其取值范围为 $0<G_t<1$，可见分子 $(1-G_t)/(1-G_{t-1})>0$。因此，$dIGI_t/d(\Delta\mu_t/\mu_{t-1})>0$，即人均实际收入增长率对共享式增长指数影响为正。

在式（2）中，与式（1）相同，分母的约束条件为 $(RGDP_t-RGDP_{t-1})/RGDP_{t-1}>0$，$\mu_t$ 和 μ_{t-1} 为人均实际收入，则有 $-\mu_t/(\mu_{t-1})<0$。因此，$dIGI_t/d(\Delta G_t/G_{t-1})<0$，即基尼系数变化率对共享式增长指数影响为负。

笔者新构建的共享式增长指数（IGI指数）具有以下几个优点：一是IGI指数综合了阿玛蒂亚·森的社会福利指数和Tapio脱钩指数，能够动态反映经济增长变化引起的社会福利的变化，即经济增长的共享程度。相对于综合指数法将经济增长和社会福利指数进行加权合成的做法以及简单平均指数法将贫困率和基尼系数进行简单加总的做法，更能真实度量共享式增长程度。二是IGI指数计算简单易行，数据可得性较强，避免了社会机会函数法对于微观分组数据的要求。三是基于阿玛蒂亚·森的社会福利函数，利用人均实际收入和基尼系数测量社会福利，相比于套用益贫式增长指数度量共享式增长的做法，更加接近当前学术和实践主流对于共享式增长的界定。四是IGI指数吸收了Anand指数的福利分析矩阵和Kakwani和Pernia益贫式增长指数分组的优势，在利用IGI指数分析共享式增长时，也可以利用福利分析矩阵和指数分类方法对共享式增长（增长效应和分配效应）进行动态分析。五是构成IGI指数的三个成分，即人均实际收入、基尼系数和人均实际GDP，都属于按年计算的流量概念，避免了综合指数法将GDP这样的流量概念与公共设施这样的存量概念混用的弊端，从而更能反映共享式增长的动态变化。

当然，IGI指数也有一定的缺陷：一是阿玛蒂亚·森提出的社会福利指数利用人均收入与基尼系数计算福利值，本质上只衡量了经济福利（杨缅昆，2009），而并非全面意义上的社会福利，所以IGI指数并没能全面反映经济增长的共享程度。二是IGI指数更加适合在正的经济增长条件下，衡量经济增长的共享程度，当经济增长率呈现负数时，需要慎重考量IGI指数分组的数值意义。三是IGI指数在计算社会福利增长率时，需要人均实际收入和基尼系数这两个数据，而目前在我国，这两个数据并没有权威的、直接的来源，都需要利用城乡分开的统计数据进行计算，因此，可能造成IGI指数在度量共享式增长方面时出现一定误差。

4.2.2 我国总体共享式增长指数分析

利用IGI_t公式计算共享式增长指数之前，需要对居民人均实际收入μ_t和基尼系数G_t进行计算。

对于居民人均实际收入，由于缺少城乡统一的人均收入数据，笔者参考部分学者的做法（田卫民，2012a；胡志军，2012）采用城乡加权法进行计算，计算公式为：$\mu = (\mu_u \times p_u + \mu_c \times p_c)/(p_u + p_c)$，其中，$\mu_u$和$\mu_c$分别为经城镇居民消费价格指数调整的城镇人均可支配收入实际值和经农村居民价格指数调整的农村人均纯收入实际值，p_u和p_c分别为城镇与农村人口比重（人均实际收入计算结果详见附录1）。从计算结果看，城乡加权计算所得的全国居民人均实际收入逐年上升，从1978年171.20元提高至2014年3319.65元（扣除价格因素），年均增长率为8.65%。与人均实际GDP增长率相比，居民人均实际收入增长率共有19年低于人均实际GDP增长率，说明在这些年份中，居民收入并未与经济增长同步。值得注意的是，2008年之后，居民人均实际收入增长率均高于人均实际GDP增长率。

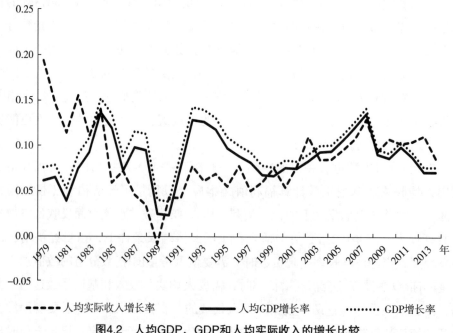

图4.2　人均GDP、GDP和人均实际收入的增长比较

对于基尼系数，由于缺少官方、连续的数据[①]，笔者引用田卫民（2012a，2012b）利用修正城乡加权法对1978—2010年全国总体基尼系数的计算结果[②]，并采用相同方法对2011—2014年的全国总体基尼系数进行计算，形成1978—2014年的基尼系数时序数据。具体计算过程如下：

首先，利用田卫民（2012b）推导的基尼系数公式[③]：$G = 1 - (1/PW)$ $\sum_{i=1}^{n}(W_{i-1} + W_i) \times P_i$ 直接计算城镇居民和农村居民基尼系数，其中，P为总人口，W为总收入，W_i为累计到第i组的收入。

其次，根据《中国统计年鉴》在收入统计上城乡分开且城乡收入分组有重

---

① 国家统计局曾在《中国国情国力》2001年第1期以国家统计局的名义发表《从基尼系数看贫富差距》，公布了1978—1999年城镇、农村居民基尼系数，之后在2013年公布了2003—2013年的全国居民基尼系数，但两次数据无法衔接统一。除了国家统计局外，部分学者和民间机构利用不同方法对基尼系数进行了计算，其中时间序列较长的文献包括：程永宏（2007）对1978—2005年全国总体基尼系数的计算（部分年份缺失）、胡志军（2011）对1985—2008年全国总体基尼系数的计算、徐映梅（2011）对1978—2007年全国总体基尼系数的计算、黄少安（2007）对1978—2005年全国总体基尼系数的计算及田卫民（2012a)分别利用修正城乡加权法和分层加权方法对1978—2010年全国总体基尼系数的计算。另一个时间序列较为完整的数据源是标准化世界收入不平等数据库（SWIID），该数据库收集了1970—2013年中国总体基尼系数（包括未经再分配调节的市场基尼系数和再分配调节后的净基尼系数）。这些数据的方法并不统一，导致计算结果的不一致。经比较各种计算方法和结果，一个初步结论是，2007年以来的SWIID数据与国家统计局呈现出完全背离的趋势；程永宏、胡志军的计算方法严谨，但较为复杂；黄少安、徐映梅与田卫民的计算方法相对简便，但黄少安和徐映梅计算的时间序列分别截至到2005年和2007年，田卫民的计算结果时间序列较为完整，计算方法简便且保持统一，与国家统计局公布数据在趋势上相对一致［尽管国家统计局的数据争议很大，但部分学者（岳希明、李实，2013）认为国家统计局的计算结果相对可信］。因此，笔者采用田卫民的计算方法和前期计算数据。需要指出的是，笔者构建的共享式增长指数，本质上是一个社会福利（即经不平等调整的平均收入）对经济增长的弹性系数，计算过程依赖基尼系数的相对变化而非基尼系数绝对值，即关注基尼系数的增减趋势而非绝对值。从这个角度看，数据统一和方法统一是关键，即使笔者估算的基尼系数存在低估情况，但对利用变化率计算得出的弹性系数的影响较小。

② 1980—2010年的基尼系数计算结果来自：田卫民，"中国基尼系数计算及其变动趋势分析"，《人文杂志》，2012年第2期。1978年、1979年两年的基尼系数计算结果来自：田卫民，"中国市场化进程对收入分配影响的实证分析"，《当代财经》，2012年第10期。经对比两篇文献所用方法，均是采用城乡加权法计算，不同的是囿于数据所限，1978年和1979年的计算中未考虑城乡收入分组有重叠的情况，没有利用修正系数进行修正。为保证数据完整性和连续性，笔者直接使用这两篇文章的计算结果，虽然在1978年、1979年两年的数据上存在一定的信息损失，但不会改变整体趋势判断。

③ 具体推导过程可参见：田卫民：《中国基尼系数计算及其变动趋势分析》，载《人文杂志》，2012（2）。

叠的特点，使用董静和李子奈（2004）提出的修正城乡加权法[①]计算出全国居民基尼系数，其中U表示城镇居民人均收入，C表示农村居民人均收入，将城镇居民和农村居民的收入分布看作是两个服从正态分布的独立随机变量，则两者之差$U-C$也将服从正态分布，$P[(U-C)<0]$为城镇居民收人低于农村居民收入的概率，$\left\{1+\dfrac{1}{2}P[(U-C)<0]\right\}$为修正系数，计算公式为

$$G = p_c^2\,\frac{u_c}{u}\,G_c + p_u^2\,\frac{u_u}{u}\,G_u + p_c\,p_u\,\frac{u_c - u_u}{u}\left\{1 + \frac{1}{2}P[(U-C)<0]\right\}$$

从全国总体基尼系数计算结果可以看出，1978年以来，全国层面的收入分配格局大致经历了三个阶段：一是1978—1985年，基尼系数从1978年的0.3093下降至0.2593，收入分配持续改善；二是1986—2007年，基尼系数形成了一个持续上升的趋势，从1986年的0.3216上升至2007年的0.4385，并在2001年之后持续位于0.4的国际公认警戒线之上；三是2008年至今，基尼系数由峰值逐年下降，但2014年稍有上升，基尼系数为0.4137。

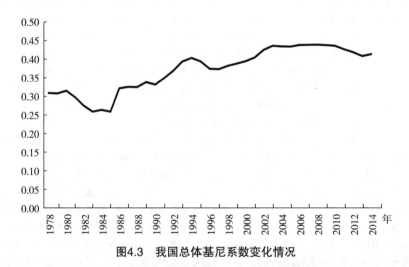

图4.3　我国总体基尼系数变化情况

利用居民人均实际收入和基尼系数，按照阿玛蒂亚·森（1976）提出的社会福利计算公式：$W=\mu(1-G)$，可以计算出1978年以来各年社会福利值（社会福利值计算结果见附录2）。从计算结果看，1978年以来，伴随着国民经济持续增

[①] 具体推导过程可参见：董静、李子奈：《修正城乡加权法及其应用》，载《数量经济技术经济研究》，2004（5）。

长，社会福利也在不断提升，但由于收入不平等的存在，社会福利值占人均实际收入的比重均值为62.96%。

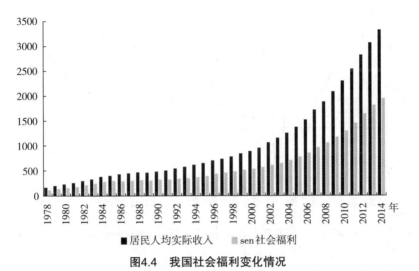

图4.4　我国社会福利变化情况

在社会福利值的基础上，利用IGI公式计算1979年以来我国共享式增长指数。根据共享式增长指数（IGI指数）的计算结果（共享式增长指数计算结果详见附录3），可以得出，1979年以来，我国经济增长总体上具有共享特征，经济增长带来了社会福利的提升，2008年之前的大部分年份只有中低共享程度，2008年以来，经济增长的共享程度在不断提升。从共享式增长指数的变化趋势，大致可以分为以下几个阶段：第一阶段为1979—1984年，即改革开放早期，经济增长为高度共享，这与郑永年（2010）、卢现祥等（2012）、徐俊武（2013）的研究结果一致。在这个阶段，基尼系数较低，人均GDP平均增长率为7.82%，改革红利惠及社会大多数，人均GDP和社会福利迅速提高。第二阶段为1985—2007年，经济增长为中低共享程度，共享式增长指数在1以下，部分年份（1986年、1989年）甚至出现负数，即经济增长的情况下，社会福利出现下降。在这个阶段，基尼系数逐年攀升，从1985年的0.2593上升至2007年的0.4385，人均GDP平均增长率为9%，尽管比第一阶段增长更快，但由于收入分配的恶化，部分抵消了经济高速增长带来的社会福利增加值。第三阶段为2008年后，经济增长开始由中度共享转向高度共享，共享式增长指数回升至1以上。这得益于在维持8.45%的人均GDP年均增长率的基础上，基尼系数由峰值开始逐步下降，社会福利有较大幅度提升。

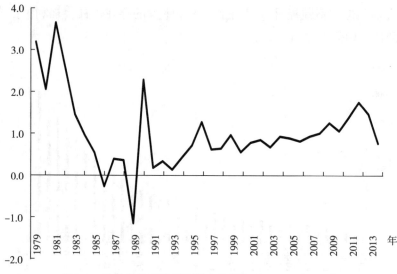

图4.5 我国共享式增长指数变化情况（1979—2014）

4.2.3 我国省域共享式增长指数分析

上一节对1979—2014年的全国层面经济增长的共享程度和发展趋势进行了描述。为更加深入地考察共享式增长的区域差异，有必要对省域共享式增长指数进行分析。在计算各省共享式增长指数之前，需要计算人均实际收入和居民基尼系数。同前述方法，人均实际收入由城乡加权法计算，1995—2006年的23个省[①]居民基尼系数取自田卫民（2012c）的计算，并利用同样的方法和2007—2013年的统计数据[②]，计算出2007—2013年的各省居民基尼系数（计算结果详见附录4）。

首先，同样利用基尼系数公式：$G = 1 - (1/PW) \sum_{i=1}^{n} (W_{i-1} + W_i) \times P_i$ 计算城镇居民和农村居民基尼系数，其中，P为总人口，W为总收入，W_i为累计到第i组的收入。

[①] 23个样本省份分别为北京、河北、山西、内蒙古、辽宁、黑龙江、上海、江苏、浙江、安徽、福建、江西、湖北、广东、广西、重庆、四川、贵州、陕西、甘肃、青海、宁夏、新疆。其他省份由于缺少计算基尼系数必需的城乡居民收入分组数据，因此舍去这些省份。

[②] 考虑到数据可得性和可比性，分省数据只更新到2013年。

其次，利用城乡加权法[①]计算出各省居民基尼系数，计算公式为

$$G = P_c^2 \frac{u_c}{u} G_c + P_r^2 \frac{u_r}{u} G_r + P_c P_r \frac{u_c - u_r}{u}$$

从1995—2013年各年样本省份的基尼系数均值（23个样本省份）看，省域基尼系数的变化分为三个阶段：一是1995—2002年，省域基尼系数均值经历小幅下降之后开始逐年攀升，但一直在0.4以下；二是2003—2008年，省域基尼系数均值维持在0.4以上，呈现出高位持平的态势；三是2009—2013年，省域基尼系数均值逐年下降，这与利用全国数据算出的总体居民收入基尼系数趋势是基本一致的。

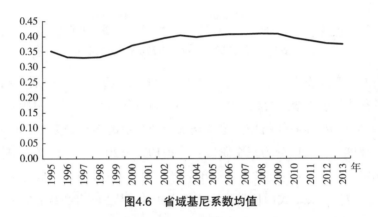

图4.6 省域基尼系数均值

为进一步观察各样本省份基尼系数的动态分布情况，利用Epanechnikov核函数对1995年、2002年、2008年、2013年进行核密度估计。从核密度图可以看出，1995—2013年，省域基尼系数核密度曲线呈现出先右移后左移的特点，说明省域收入分配格局存在先恶化再改善的特点，1996年的核密度曲线呈现出宽峰型特点，2002年、2008年和2013年则呈现出尖峰型特点，说明省域基尼系数从较为分散的分布逐步收敛。省域基尼系数均值从1995年的0.3512上升为2008年的0.4086，之后逐年下降为2013年的0.3740，在核密度曲线上则体现为，1995—2002年有较大幅度的右移，之后有一定幅度的左移。

---

① 需要说明的是，与前文基于修正城乡加权法的全国基尼系数计算公式相比，各省基尼系数的计算没有考虑城乡收入分组有重叠的情况。理由是：一是保持数据来源和计算方法一致，1995—2006年的各省基尼系数（田卫民，2012c）使用了城乡加权法，因此，2007—2013年的计算也采用该方法；二是由于共享式增长指数的计算依赖基尼系数的相对变化而非基尼系数绝对值，即使未考虑城乡居民收入分组有重叠的情况，对最后的共享式增长指数计算结果不会产生大的影响。

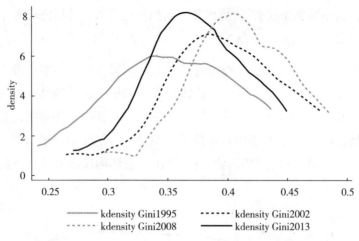

图4.7　各省基尼系数的核密度估计结果

　　算出人均实际收入、基尼系数和人均实际GDP增长率的数据后，利用IGI$_t$公式计算各省的共享式增长指数（各省共享式增长指数计算结果详见附录5）。

　　从1996—2013年各年省域共享式增长指数均值的动态趋势看，省域经济增长的共享程度变化可以分为三个阶段：一是1996—2000年，共享式增长指数均值从1996年的1.1619（高度共享）逐年下降至2000年的0.2816（低度共享）；二是2001—2007年，共享式增长指数均值逐步回升，从2001年的0.6968上升至2007年的0.8642，但一直维持在中度共享；三是2008—2013年，共享式增长指数均值回升至1（高度共享）以上，这与利用全国数据计算出的共享式增长指数趋势是基本一致的。

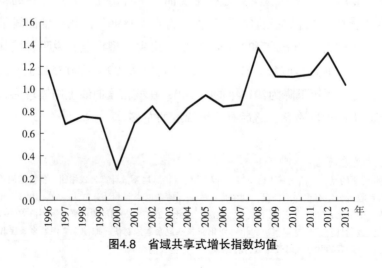

图4.8　省域共享式增长指数均值

为观察各年省域共享式增长指数的动态分布情况，利用Epanechnikov核函数对1996年、2001年、2007年、2013年的共享式增长指数进行核密度估计。从核密度图可以看出，1996—2013年，省域共享式增长指数核密度曲线呈现出先左移再右移的特点，表明省域经济增长的共享程度有一个较为明显的波动。其中，1996年和2001年省域共享式增长指数核密度曲线呈明显的宽峰型特点，说明各样本省份共享式增长指数分布较为分散，相比于1996年、2001年的核密度曲线明显左移，均值由1996年的1.1619下降为2001年的0.6968，省域经济增长的共享程度有所下降。2007年和2013年省域共享式增长指数核密度曲线呈明显的尖峰型特点，说明各省共享式增长指数分布较之前有所收敛，相比于2007年、2013年的核密度曲线明显右移，且波峰高度有所增加，共享式增长指数均值由2007年的0.8642增加至2013年的1.0399，且各省分布呈现较为明显收敛态势。

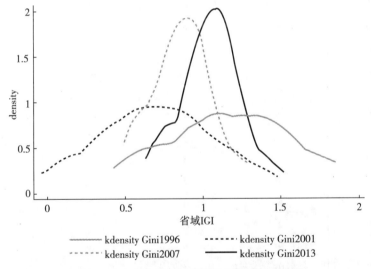

图4.9 各省共享式增长指数的核密度估计结果

从各省共享式增长指数的具体表现看，1996年以来，所有样本省份的经济增长总体上是具有共享特征的（共享式增长指数的年均值大于0），但多数省份（20个）的指数均值低于1，即经济增长为中度共享，实现高度共享的只有北京、上海和浙江这3个省份（指数均值大于1）。从共享式增长指数的具体数值看，多数省份（16个）实现中度共享和低度共享的年份要多于实现高度共享的年份，只有北京实现高度共享的年份比例超过60%。

表4.9   对各省共享式增长情况的评价

地区	高度共享 大于1	中度共享 0.6~1	低度共享 0~0.6	无共享特征 0以下
北京	11	5	2	0
河北	6	8	4	0
山西	9	5	3	1
内蒙古	3	8	7	0
辽宁	8	7	3	0
黑龙江	5	7	4	2
上海	10	4	4	0
江苏	6	10	2	0
浙江	8	8	2	0
安徽	7	8	3	0
福建	9	6	3	0
江西	9	6	1	2
湖北	7	7	3	1
广东	7	6	5	0
广西	7	7	3	1
重庆	8	9	1	0
四川	4	9	5	0
贵州	4	8	4	2
陕西	7	7	3	1
甘肃	6	8	2	2
青海	2	12	0	4
宁夏	9	6	3	0
新疆	10	4	3	1

资料来源：作者自行计算。

4.3 本章小结

本章首先利用WDI数据和《中国统计年鉴》数据对财政支出总量和结构进行了国际比较和时序比较，主要有以下发现：一是1990年以来，我国的财政支出总量占GDP比重与发达国家代表七国集团的平均值相比有较大差距，但差距在逐步缩小，与新兴十一国和金砖国家的平均值相比，我国的财政支出总量占GDP比重也相对较低。二是从支出结构来看，地方财政支出比重持续升高，大部分支出项目由地方政府支出，经济性支出占比逐步下降，社会性支出占比逐步升高，教育、卫生和社会保障支出比重近年来有所升高，一般公共服务比重逐步下降，国防支出比重较为稳定。三是与各主要国家的支出结构相比，我国的政府消费性支出占GDP比重较其他二十国集团成员国更低，我国的公共卫生支出、公共教育支出占GDP比重较其他二十国集团成员国更低。

本章在考虑共享式增长概念和数据可得性的基础上，沿着社会福利路径构建共享式增长指数，并结合阿玛蒂亚·森的社会福利指数和脱钩指数方法，构建一个全新的共享式增长指数（IGI指数）。利用1978—2014年的全国时序数据和1995—2013年的省级数据计算全国和各省共享式增长指数。结果表明，改革开放以来，我国经济增长总体上具有共享特征，改革开放早期，经济增长具有高度共享，基尼系数较低，人均GDP和社会福利迅速提高；之后进入中低共享的经济增长阶段，基尼系数逐年攀升，经济增长尽管比第一阶段更快，但收入分配的恶化，抵消了部分由经济高速增长带来的社会福利增量；2008年后，经济增长开始由中度共享转向高度共享，共享式增长指数回升至1以上，这得益于在维持较高人均GDP的年均增长率基础上，基尼系数由峰值开始逐步下降，社会福利有较大幅度提升。1996年以来，省域经济增长总体上具有共享特征，但在具体表现上呈现出较为明显的区域差异，从样本期的共享式增长指数均值看，多数样本省份的经济增长为中度共享，实现高度共享的只有北京、上海和浙江这3个省份，而且只有北京实现高度共享的年份比例超过60%。

第5章 我国财政支出影响共享式增长的实证分析

财政支出政策能否促进共享式增长，哪种支出政策更加有效果，是一个实证问题（ADB，2014）。如前所述，财政支出主要通过增长效应和分配效应这两个机制影响共享式增长。因此，笔者的实证分析将主要围绕财政支出对共享式增长的综合影响和两大影响机制展开。考虑到共享式增长、经济增长、收入不平等和财政支出之间的内生性问题，笔者采用面板向量自回归（panel vector autoregression，PVAR）模型，全面考察财政支出对共享式增长的影响。具体来说，一是利用1998—2013年23个样本省份共享式增长指数（IGI）和各类财政支出数据，考察各类财政支出对共享式增长的影响程度和作用方向；二是将各样本省份按照经济发展水平进行分组，考察在不同经济发展水平地区财政支出影响共享式增长的区域差异。三是利用1998—2013年各省人均实际GDP增长率、基尼系数和各类财政支出数据，深入分析不同财政支出对经济增长和收入不平等的具体影响（即财政支出对共享式增长的两个影响机制：财政支出的增长效应和分配效应）。笔者的实证分析试图在数据受限的情况下，尽可能兼顾财政支出的总量与结构，全面考察财政支出对共享式增长的综合影响和具体效应，并为提出针对性和可操作性的政策建议提供有效的实证支持。

5.1 面板向量自回归模型设定与数据说明

5.1.1 面板向量自回归方法介绍与模型设定

如前文所述，财政支出、经济增长和收入不平等三者之间并不是简单的单向作用关系，而可能存在互动影响机制（Perkins，2013）。具体地说，财政支出能够分别影响经济增长和收入不平等，而经济增长和收入不平等也可以通过瓦格纳定律、政府目标偏好、中间投票人机制等多种政治经济机制影响财政支出总量和结构。因此，在考察财政支出如何通过增长效应和分配效应影响共享式增长时，传统回归模型可能存在一些缺陷：一是无法解释上述这种双向因果关系，比如正相关关系既可能是财政支出的增长效应，也可能是符合瓦格纳定律，经济增长扩大了政府支出规模；二是容易将没有实际影响关系的变量引入回归方程，造成伪回归；三是无法分解财政支出分别影响经济增长和收入不平等的净效果；四是无法考察随着时间变化，财政支出总量和结构对经济增长和收入不平等的动态关系。基于上述原因，笔者采用面板向量自回归（panel vector autoregression，PVAR）模型。PVAR模型是在改进传统向量自回归（VAR）模型的基础上提出的，PVAR模型继承了VAR模型的许多优点，比如不需要考虑变量之间的内生和因果关系，真正用数据说话，通过脉冲响应捕捉多变量的动态关系。但是由于VAR模型一般要求具有较长的时序数据（一般不少于30年），对于我国这样一个处于转型时期的经济体来说，往往难以满足VAR模型所要求的时序数据长度，即使数据长度超过30年，也可能由于30年间发生的重大制度变迁或者统计数据口径上的调整，使得VAR模型的估计结果存在一定偏误。PVAR模型的优势在于将VAR模型拓展至面板数据，在$t \geq m+3$（t为时序数据的长度，m为滞后阶数）的条件下，便可有效估计方程中各个参数，在$t \leq 2m+2$时，便能够在稳态下，有效估计滞后项的参数。鉴于上述优点，PVAR模型在经济金融研究领域得到了大量应用。

除了以上考虑，笔者采用PVAR模型还有其他一些原因：一是当前地方政府几乎承担了除外交等全国性公共产品以外的全部公共支出（李齐云等，2013），采用分省面板数据更符合笔者的研究目的；二是PVAR模型将所有纳入模型的变量视为内生，能够真实反映财政支出总量和分项财政支出与经济增长、收入不平等的互动关系，并能够排除其他因素的干扰，得出财政支出对经济增长和收入不平等的"纯粹"动态关系以及财政支出对共享式增长的综合影响。参考Love和Zicchino（2006）、连玉君（2009），将PVAR模型的估计方法简要说明如下：

设定$y_{it} = [y_{it}^1, y_{it}^2, \cdots, y_{it}^M]'$是$M \times 1$维向量，包括了$M$个内生变量，PVAR模型的第$m$个方程可以表示为

$$y_{it}^m = x'_{it} b^m + u_i^m + \gamma_t^m + \varepsilon_{it}^m$$

其中，i和t分别为样本省份和观察年份，$x_{it} = [y'_{it-1}, y'_{it-2}, \cdots, y_{it-p}^M]'$是

$M \cdot p \times 1$维向量，包括了所有内生变量的滞后项，b^m为$M \cdot p \times 1$维的系数向量，p为滞后阶数，u_i^m和γ_t^m分别为个体效应和时间效应向量，ε_{it}^m为随机扰动项。

假设满足：$E(\varepsilon_{it}^m | u_i^m, \gamma_t^m, x_{it}, x_{it-1}, x_{it-2}, \cdots) = 0$，由于该模型存在不随时间改变的个体效应$u_i^m$，而解释变量$x'_{it}$中包括了被解释变量$y_{it}^m$的滞后项。因此，PVAR模型本质上是一个包含固定效应的动态面板数据模型。具体估计过程如下：首先采用"组内均值差分法"消除时间效应；然后采用Arellano和Bover（1995）提出的"前向均值差分法"消除固定效应，最后采用广义矩估计法（GMM）获得b^m的一致估计量。

5.1.2 数据来源与处理

在考察财政支出对共享式增长的综合影响时，笔者采用自行构建的共享式增长指数（IGI指数）。在考察财政支出的增长效应和分配效应时，笔者采用人均实际GDP增长率和基尼系数分别度量经济增长和收入不平等。以上变量在前文现状分析部分已有比较充分的讨论。

实证研究的另一个关键变量是财政支出。由于2007年我国实施了政府收支分类改革，财政支出在2007年前后统计口径发生了重大变化，无法一一对应。为保证实证研究结果的可靠性，需要对财政支出数据进行相应处理。在现有文献中，对于2007年财政支出统计口径变化的处理方法主要有三种：一是舍弃2007年之后的数据，这种方法固然可以避免口径变化的影响，但由于这种方法完全忽略了2007年之后财政支出政策的效果，在数据时效性方面会大打折扣，从而影响实证结果的理论和政策参考价值。二是忽略口径变化，将2007年之前的数据和2007年之后的数据根据不同支出口径直接归入经济性支出、社会性支出和一般性支出三类，形成较为完整的时间序列数据，这种方法固然保证了数据的充足性和时效性，但由于2007年前后的支出分类无法一一对应，数据的可比性和可信度大大下降，可能造成实证结果的偏误。三是单独采用2007年之后的数据，这种方法能够保证支出数据的可比性和时效性，但由于时间序列较短，将直接影响计量结果的可靠性，另外采用这种方法不能不考虑2008年国际金融危机背景下积极财政政策对中央和地方财政支出总量与结构的影响。

鉴于以上三种处理方法各有利弊，笔者在兼顾数据可得性和实证可行性的基础上，参考部分已有文献的做法（孙文基，2011；周业安等，2012；徐俊武，2013；丁少群等，2013），将2007年前后在口径上可以归并的部分财政支出数据（公共教育支出、公共卫生支出、社会保障支出、公共投资支出、经济事务支出①、国防和公共安全支出）进行归并，形成省级层面1998—2013年的具有可比性、较为完整的财政支出数据②，尽量规避2007年支出口径变化对实证结果的影响。当然，这种数据处理办法也有一定缺陷，一是部分财政支出项目比如一般公共服务、支农支出、科技支出等重要支出项目无法形成完整可比的时序数据，仅用公共教育支出、公共卫生支出等支出项目，不可避免地造成实证结果上的信息漏损；二是尽管笔者充分考虑了口径调整和具体支出项目构成，形成了部分可比支出项目的完整时序数据，而且充分吸收和参考了现有文献的数据处理办法，尽最大努力保证数据的可比性，但毕竟无法——对应，也可能造成实证结果的偏误。鉴于以上缺陷，在对待笔者的实证结果方面，尤其是基于实证结果作出政策建议，需要认真谨慎地加以分析。

本章所有变量的数据时限为1998—2013年。之所以将1998年作为实证数据起点，主要有以下几个方面的考虑：一是我国的医疗体制改革（尤其是药品流通体制改革）从1997年正式启动，社会保障体系改革的标志性事件国务院颁布《关于建立统一的企业职工基本养老保险制度的决定》和《在全国建立城市居民最低生活保障制度的通知》发生在1998年，这两项重大制度改革显然将影响公共卫生支出和社会保障支出的作用力度和范围，而且各省也是在1998年才开始公布社会保障支出的统计数据。二是由于计算共享式增长指数的核心变量基尼系数需要居民收入分组数据，而各省统计年鉴并没有对收入分组的口径进行统一，部分省份（如天津、河南、山东、湖南、海南等）并未公布农村收入分组数据，数据缺失和口径不统一导致笔者只能相对完整地计算出23个省1995—2013年的居民总体基尼系数，而由于重庆1997年成为直辖市后，四川的相关统计数据也发生变化，前后数据无法对应，为保证数据点不丢失，采用1998年以后的数据。

本章采用的数据来源与说明如下：

（1）人均实际GDP增长率，来自《中国统计年鉴》。

---

① 由于口径调整，经济事务支出中的具体项目比如农林水事务支出、交通运输支出、工商金融等事务支出、基本建设支出等，在2007年前后无法——对应，但在汇总为经济事务支出之后，数据可比性增强。需要指出的是，这里的经济事务支出已经包括了公共投资支出。

② 全国层面的财政支出数据也采用相同归并处理方法，形成全国层面1978—2013年具有可比性、较为完整的财政支出数据，这部分数据主要在第四章现状分析中使用。

（2）基尼系数，1998—2006年的各省基尼系数来自田卫民（2012c）的估算，2007—2013年根据田卫民提供的估算方法，利用2007—2013年各省统计年鉴的城乡收入分组数据进行估算。

（3）共享式增长指数，利用人均实际GDP增长率、基尼系数、居民实际收入数据，基于阿玛蒂亚·森提出的社会福利指数和脱钩指数方法自行计算。

（4）财政支出总量，来自《中国统计年鉴》。统计口径为公共财政支出。数据形式为财政支出总量与当年GDP的比值。

（5）公共教育支出，来自Wind数据库。统计口径为各省公共财政教育支出。数据形式为公共教育支出与当年GDP的比值。

（6）公共卫生支出，来自Wind数据库。统计口径为各省公共财政卫生支出。数据形式为公共卫生支出与当年GDP的比值。

（7）社会保障支出，来自《中国统计年鉴》。2007年前后统计口径有所调整，参照徐俊武（2013）、周业安等（2012）等学者的处理办法，2007年之前为抚恤支出+离退休费+社会救济福利费+救灾支出，2007年之后为社会保障与就业支出。数据形式为社会保障支出与当年GDP的比值。

（8）经济事务支出，来自《中国统计年鉴》。2007年前后统计口径有所调整，2007年之前统计口径为基本建设支出+企业挖潜改造资金+地质勘探费+流动资金+支援农业生产+农林水利气象部门事业费+工业交通部门事业费+商业流通部门事业费+城市维护费+支援不发达地区支出+农业综合开发支出，2007—2013年统计口径为城乡社区事务+农林水事务+交通运输事务+资源勘探电力信息等事务+商业服务业等事务+金融监管等事务支出+国土资源气象等事务+粮油物资储备事务。数据形式为经济事务支出与当年GDP的比值。

（9）公共投资支出，来自《中国统计年鉴》。统计口径为国家预算内资金来源的固定资产投资。数据形式为公共投资支出与当年GDP的比值。

（10）一般性支出[①]，来自《中国统计年鉴》。2007年前后统计口径有所调

---

① 一般而言，现有文献将一般性支出（或者叫维持性支出）界定为行政管理、外交、国防和公检法司的总和（2007年之前）或者一般公共服务、外交、国防和公共安全的总和（2007年之后）。笔者对2007年前后数据口径进行了比对，发现行政管理支出和一般公共服务支出无法对应，而地方支出中的外交支出规模较小，基本可以忽略。为考察一般性支出对共享式增长的影响，笔者将国防支出和公共安全支出（2007年为公检法司支出）之和作为一般性支出的近似替代。这种处理方法可能会造成信息漏损，但在数据受限尤其是口径可比数据缺乏的情况下，也不失为一种解决办法。

整，2007年之前统计口径为国防支出+公检法司支出，2007年之后统计口径为国防支出+公共安全支出。

5.2　财政支出增长效应与分配效应的实证检验

财政支出对共享式增长的影响机制包括财政支出的增长效应和分配效应，不同财政支出在影响经济增长和收入不平等方面表现出不同的作用力度和时滞特征（徐俊武，2013；Hur，2014）。在考察财政支出对共享式增长的综合影响之前，对增长效应和分配效应进行具体分析，有助于更加深入了解财政支出对共享式增长的作用机理，从而为调整财政支出、促进共享式增长提供针对性和可操作性的政策建议。

5.2.1　数据描述性统计与平稳性检验

本节主要涉及四类变量，包括经济增长、收入不平等、财政支出总量和分项财政支出[①]。经济增长变量为各省人均实际GDP增长率（rrgdp表示），收入不平等变量为笔者第四章利用田卫民（2012c）估算方法计算的23个省份总体基尼系数（dGini表示），财政支出为当年各省财政支出与当年GDP的比值，包括支出总量（dt表示）、公共教育支出（dedu表示）、公共卫生支出（dheal表示）、社会保障支出（dpro表示）、公共投资支出（dinv表示）、经济事务支出（deco表示）、一般性支出（国防支出和公共安全支出之和，dgen表示）占当年GDP的比值（小数形式）。

尽管一般对"大N小T"的面板数据很少进行平稳性检验，但为确保脉冲响应分析的有效性，在对PVAR模型进行参数估计之前，需要对各序列数据进行平稳性检验。为得到一个可靠结果，对基尼系数和财政支出变量进行差分处理，

---

① 笔者采用4变量（经济增长、收入不平等、财政支出总量和分项财政支出）而非3变量（经济增长、收入不平等和分项财政支出）PVAR模型的原因是：Seok-Kyun Hur（2014）研究发现，财政支出对经济增长和收入不平等两个变量的影响一方面是通过具体分项支出（比如公共教育支出、社会保障支出等）的结构性作用（composition effect），另一方面还通过整体财政支出的总量作用（magnitude effect）。如果仅考虑某项财政支出，可能会忽略财政支出的总量作用。因此，在考察某项财政支出对经济增长和收入不平等的影响时，应该加入财政支出总量这个变量以控制总量作用。基于以上考虑，笔者也采用这种模型设定方法。

并利用Levin-Lin-Chu（LLC）检验和Im-Pesaran-Shin（IPS）检验对数据进行平稳性检验。检验结果显示，除人均GDP增长率在10%显著水平上（IPS检验中）拒绝存在单位根的零假设，其他所有变量均在1%显著水平上拒绝存在单位根的零假设，由此可以判断所有变量均为平稳变量（面板单位根检验结果详见附录6）。

表5.1　　　　　　　　　数据描述性统计（实证分析Ⅰ）

变量	观察值	平均值	标准差	最小值	最大值
rrgdp	345	0.106786	0.028603	0.037203	0.236238
dgini	345	0.002806	0.015200	−0.06650	0.068100
dt	345	0.009037	0.019319	−0.11282	0.143509
dedu	345	0.001479	0.003688	−0.03290	0.018566
dheal	345	0.000686	0.001456	−0.00274	0.007673
dpro	345	0.001342	0.005858	−0.04241	0.053261
deco	345	0.003761	0.009693	−0.03879	0.054619
dgen	345	0.000320	0.001283	−0.01457	0.004513
dinv	345	0.002779	0.011910	−0.04134	0.112436

5.2.2　滞后阶数选择与稳定性检验

在进行PVAR模型参数估计前，需要对最优滞后阶数进行选择。使用AIC、BIC和HQIC准则判定最优滞后阶数。按照一般的判定方法，最优滞后阶数应选择AIC、BIC或HQIC取值最小的模型，当三者不一致时，通常情况下，BIC和HQIC要优于AIC。从AIC、BIC和HQIC准则判定结果看，除了经济事务支出的PVAR模型最优滞后阶数为3之外，其他模型的最优滞后阶数均为2（滞后阶数选择相关数据详见附录7）。

PVAR模型的稳定性将直接决定脉冲响应结果是否可靠。因此，在进行脉冲响应分析之前，利用PVAR模型的稳定性检验程序，对纳入不同财政支出变量的PVAR模型的稳定性进行检验。结果显示，笔者构建的模型是稳定的，模型的所有特征根都小于1（详见附录8）。

5.2.3　脉冲响应分析

脉冲响应函数是指在误差项上给1个单位标准差大小的正向冲击，对内生变量当期和滞后若干期的影响。脉冲响应分析能够比较直观地描述纳入模型的变量之间动态关系和相互作用。参照Hur（2014）[①]，以"经济增长（rrgdp）、收入不平等（dGini）、财政支出总量（dt）、分项财政支出（包括dedu、dheal、dsoc、deco、dgen）"为顺序，绘制经济增长率（rrgdp表示）和基尼系数（dGini表示）分别对公共教育支出（dedu表示）、公共卫生支出（dheal表示）、社会保障支出（dsoc表示）、公共投资支出（dinv表示）、经济事务支出（deco表示）和一般性支出（dgen表示）的脉冲响应图。总体来说，各项财政支出对经济增长和收入不平等的作用与理论预期较为一致，但也有与理论预期不一致的发现。

从人均实际GDP增长率和基尼系数对公共教育支出的脉冲响应图可以看出，在当期给公共教育支出1个单位标准差的正向冲击时，公共教育支出在前2期对经济增长率具有显著的负效应，脉冲响应分别达到-0.0048和-0.0033[②]。从5%和95%置信区间曲线分布来看，在第3期之后公共教育支出对经济增长的负面作用已不显著。脉冲响应图显示的公共教育支出对经济增长的作用与理论预期不太一致，一般认为公共教育支出有助于提高人力资本积累和可行能力的培养，能够促进经济增长。实证与理论预期不一致的可能原因是，公共教育支出主要作用于人力资本，对经济增长的促进作用需要在更长时期内显现，而短期内由于对其他生产性支出的挤出效应，从而对经济增长产生了负面影响，这与Sylwester（2000）和Holzner（2011）的研究结论相一致。在当期给公共教育支出1个单位标准差的正向冲击时，公共教育支出对基尼系数在第1期有显著正效应，脉冲响应达到0.0014的峰值，在第2期后，公共教育支出对基尼系数维持负面影响（即具有改善收入不平等的作用），但从5%和95%置信区间曲线分布来看[③]，该作用并不显著。

---

① 在PVAR模型中，变量放置顺序对脉冲响应结果有一定影响，一般而言，在短期内，排序在前的变量在滞后期和同期都会对排序在后的变量产生影响，排序在后的变量仅会在滞后期影响排序在前的变量。但经济增长、收入不平等和支出三者的关系并不能由上述原则严格区分，笔者借鉴Hur（2014）的做法，以"经济增长、收入不平等、财政支出"为顺序放置变量，同时对其他放置顺序的脉冲响应图进行分析，结果显示，PVAR模型在不同冲击顺序下结果稳定，这与Hur（2014）的结论是一致的。

② 由于面板数据采用了小数形式，脉冲响应值均为小数形式，不同单位的被解释变量，脉冲响应值均可转化为相应的单位。

③ 代表5%和95%置信区间的两条曲线的分布是判断脉冲响应值显著性的关键指标，当两条曲线同时为正或者同时为负时，代表两条曲线中间的脉冲响应值是显著的。如果两条曲线分布在0的上下两边，则表示脉冲响应值在95%的置信区间内可能为正，也可能为负，因此，这样分布可解释为该脉冲响应值不显著。

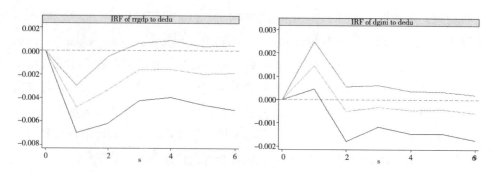

注：蒙特卡洛模拟500次，中间曲线为脉冲响应函数曲线，表示该变量对财政支出变量冲击的反应，上下两侧的曲线为5%和95%置信区间。纵轴表示影响程度，横轴表示冲击作用的滞后期，1期长度为1年。下同。

图5.1　人均实际GDP增长率和基尼系数对公共教育支出的脉冲响应

从人均实际GDP增长率和基尼系数对公共卫生支出的脉冲响应看，在当期给公共卫生支出1个单位标准差的正向冲击时，公共卫生支出对经济增长在第1期具有显著的正效应，脉冲响应值达到0.0018的峰值，之后没有显著作用。在当期给公共卫生支出1个单位标准差的正向冲击时，基尼系数在前3期都有显著负效应，分别达到-0.0023、-0.0015和-0.0016，累积值达到-0.0054。可见，公共卫生支出对经济增长既具有显著的正效应（第1期），而且在较长时期内（第1期-第3期）能够显著改善收入不平等，这符合理论预期，也与Cubero和Hollar（2010）、Joumard等（2012）、Hur（2014）的研究结论一致。

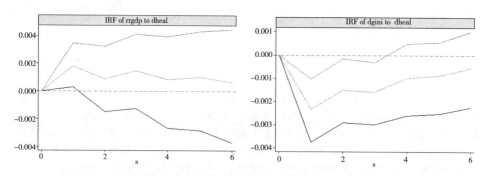

图5.2　人均实际GDP增长率和基尼系数对公共卫生支出的脉冲响应

从人均实际GDP增长率和基尼系数对社会保障支出的脉冲响应看，在当期给社会保障支出1个单位标准差的正向冲击时，经济增长的脉冲响应维持为正，但从5%和95%置信区间曲线分布来看，作用并不显著。在当期给社会保障支出1

个单位标准差的正向冲击时，基尼系数的脉冲响应在第1期有所上升，随后呈现出下降特点，逐渐收敛于0附近，但以上作用并不显著，这与Claus等（2012）考察亚洲国家社会保障支出分配效应的实证结论一致。总体来说，脉冲响应图显示，社会保障支出对经济增长和收入不平等都没有显著作用。可能的原因是：一是在我国，社会保障支出占GDP的比重较低，导致保障不足，使得居民的预防性储蓄过高，因此，既无助于促进经济增长，也没有对收入分配产生改善作用；二是社会保障支出在城乡间分布不均衡，社会保障体系主要面向城镇居民，弱化了再分配功能。

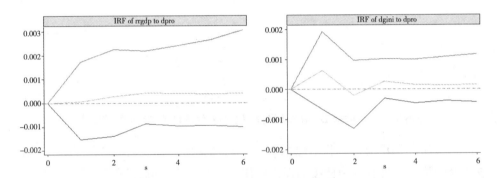

图5.3 人均实际GDP增长率和基尼系数对社会保障支出的脉冲响应

从人均实际GDP增长率和基尼系数对公共投资支出的脉冲响应看，在当期给公共支出1个单位标准差的正向冲击时，对经济增长具有正面影响，这与朱迎春（2013）的研究结论一致，但从5%和95%置信区间曲线分布来看，作用并不显著。公共投资支出对基尼系数的冲击作用也比较类似，在第2期存在显著负效应，脉冲响应值达到−0.0014，之后迅速收敛在0附近。可见，公共投资支出没有起到促进经济增长的作用，但在第2期对收入不平等具有一定改善作用。

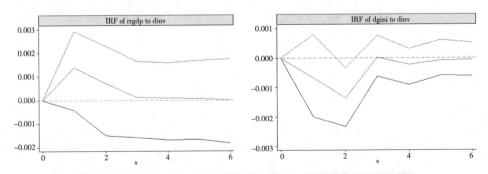

图5.4 人均实际GDP增长率和基尼系数对公共投资支出的脉冲响应

　　人均实际GDP增长率和基尼系数对经济事务支出的脉冲响应图刻画了经济事务支出对经济增长和收入分配的影响，与理论预期一致的是，经济事务支出对经济增长起到了一定的促进作用，第2期之后逐渐收敛在0附近，但从5%和95%置信区间曲线分布来看，该作用并不显著。经济事务支出对收入分配具有一定改善作用，但从5%和95%置信区间曲线分布来看，改善作用并不显著。这种脉冲响应特征反映了经济事务支出对经济增长和收入不平等影响均不显著。

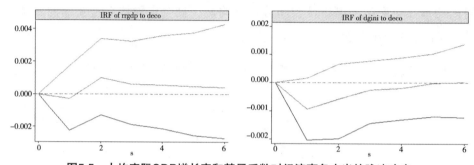

图5.5　人均实际GDP增长率和基尼系数对经济事务支出的脉冲响应

　　人均实际GDP增长率和基尼系数对一般性支出的脉冲响应图反映了一般性支出对经济增长具有较为持续的促进作用，尤其在第3期后显著为正，脉冲效应值达到0.0024，这与马拴友（2003）、贾康（2005）的研究结论一致。可能的原因是一般性支出中的国防支出和公共安全支出为政治社会稳定奠定了基础，间接推动了经济增长。但一般性支出对基尼系数呈现出较为明显的提升作用，脉冲响应值在第1期达到峰值0.0023，从5%和95%置信区间曲线分布来看，该作用十分显著，由于一般性支出并不具备直接的收入分配效应，其对收入分配产生负面影响的可能原因是一般性支出的扩张对有助于降低收入不平等的若干支出（比如，主要作用于收入分配的社会性支出）起到了一定的挤出作用。

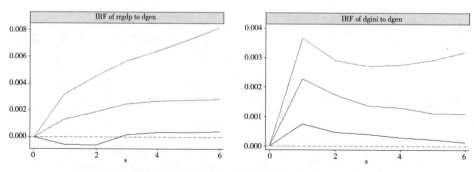

图5.6　人均实际GDP增长率和基尼系数对一般性支出的脉冲响应

以上重点分析了各分项财政支出的增长效应和分配效应，这是笔者关注的焦点。在脉冲响应分析中，经济增长与收入不平等的关系以及财政支出总量的增长效应和分配效应也能够从脉冲响应图中反映出来。由于将衡量财政支出总量的变量（dt表示）也纳入了各分项支出的PVAR模型，因此，可以直观地观察在各分项支出发生作用的同时，作为总量的财政支出对经济增长和收入不平等的影响。从这三个变量相互之间的脉冲响应图可以看到，收入不平等在一定程度上促进了经济增长，似乎验证了部分学者（李实，2009；史焕平，2014）关于我国尚处在Kuznets"倒U型"曲线前半段的推断；经济增长提高了收入不平等，这与一些学者关于我国以投资和出口为导向的经济增长模式必然恶化收入分配的观点较为一致。财政支出总量能够显著促进经济增长，对基尼系数有一定的提升作用，但从5%和95%置信区间曲线分布来看，该作用并不显著，这与一些学者关于发展中国家财政支出政策主要作用于经济增长而非收入分配的观点比较一致。结合前述分项财政支出对经济增长和收入不平等的不同作用力度和方向，充分说明了财政支出政策本质上是一个结构性问题，优化结构对于改善财政支出增长效应和分配效应进而促进共享式增长具有重要作用；经济增长和收入不平等对自身的脉冲响应图显示，两个变量都具有一定的自我强化机制[1]，这与部分学者（孙文基，2011）提出的收入不平等"马太效应"是一致的，这意味着如果政府不对收入分配进行一定干预，在较高的初始收入不平等情况下，收入分配格局将在较长时间内持续恶化，经济增长的共享程度将下降。尽管在经济增长与收入不平等的脉冲响应图中，收入不平等在一定程度上会促进经济增长，但是政策界和理论界都一致认为，持续的高度收入不平等将通过破坏社会政治稳定、弱化人力资本积累效应、降低消费率等传导机制最终降低经济增长率，导致缺乏共享的经济增长甚至是经济衰退。

---

[1] 在脉冲响应图中，某一变量对自身的影响（比如图中的rrgdp to rrgdp和ldgini to dgini）并非完全意义上的自我影响，而是包含了纳入同一PVAR模型中的变量之外的因素造成的影响，即无法由纳入模型的解释变量进行解释的部分。因此，当脉冲相应图显示某个变量对自身有显著正面影响时，应该理解为该变量自身和其他未纳入PVAR模型的变量的综合影响。

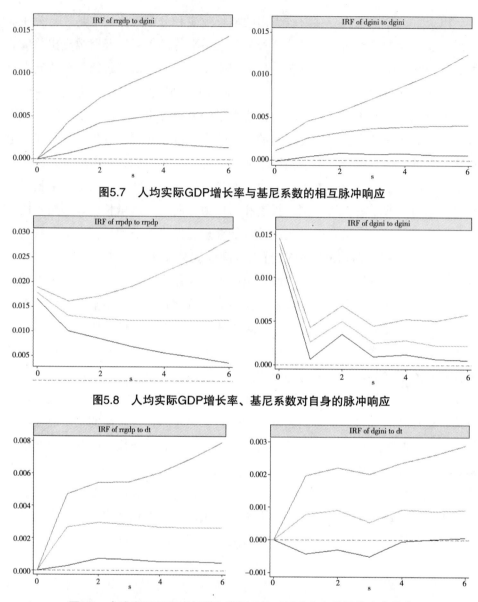

图5.7　人均实际GDP增长率与基尼系数的相互脉冲响应

图5.8　人均实际GDP增长率、基尼系数对自身的脉冲响应

图5.9　人均实际GDP增长率和基尼系数对财政支出总量的脉冲效应

5.2.4　关于财政支出增长效应和分配效应的进一步讨论

利用PVAR模型的脉冲响应分析，笔者实证检验了财政支出总量和不同财政支出分别对经济增长和收入不平等的作用方向和作用力度。从作用方向上看，财政支出总量具有促进经济增长的长期作用，但并没有发挥应有的改善收入分

配的作用；公共教育支出短期内对经济增长具有负面作用，降低收入不平等的作用时滞较长；公共卫生支出在短期内能够提高经济增长，同时降低收入不平等；社会保障支出对经济增长和收入不平等没有产生显著作用；公共投资支出在短期内促进经济增长，并对收入分配起到了微弱的、短期的改善作用；经济事务支出对经济增长无显著影响，对收入分配有不显著的改善作用；一般性支出能够促进经济增长，但同时也会恶化收入不平等。

PVAR模型的脉冲响应值为分析不同财政支出的增长效应和分配效应强弱提供了详细数据。为了全面反映不同财政支出增长效应和分配效应的数量关系，笔者分别汇总了第0~3期的脉冲响应累计值和由5%和95%置信区间曲线决定的脉冲响应显著值。随着时间的推移，从数据的可靠性和参考性看，位于置信区间的显著值、第0~3期累计值是递次下降的，即显著值的可靠性和参考性最强，第0~3期累计值具有一定参考性。

表5.2　　　PVAR检验结果：财政支出对增长与不平等的作用方向

支出类别	经济增长	收入不平等
财政支出总量	长期显著为正	第1~3期无显著作用，第4期后为正
公共教育支出	第1~2期显著为负	第1期显著为正，第2期之后为负，但不显著
公共卫生支出	第1期显为正，第2期后无显著作用	第1~3期显为负，之后无显著作用
社会保障支出	无显著作用	无显著作用
公共投资支出	第1~2期为正，但不显著	第2期显著为负，之后无显著作用
经济事务支出	无显著作用	第1~2期为负，但不显著
一般性支出	第3期后显著为正	长期显著为正

财政支出的增长效应方面，从第0~3期累计值看，除公共教育支出对经济增长的累计影响为负（-0.0097）之外，其余支出的影响均为正，一般性支出和公共卫生支出作用最大。从显著值看，只有公共卫生支出和一般性支出具有显著正面作用，社会保障支出、公共投资支出和经济事务支出均无显著作用，公共教育支出产生了一定程度的负面作用（-0.0081）。

财政支出的分配效应方面，从第0~3期累计值看，公共卫生支出、公共投资支出、经济事务支出对收入不平等的累计影响为负，公共卫生支出作用依然最大（-0.0054）；从显著值看，公共卫生支出和公共投资支出具有改善收入分配的作用，脉冲响应值分别为-0.0054和-0.0014，社会保障支出和经济事务支出无显著影响，公共教育支出短期会恶化收入不平等，一般性支出对收入不平等的影响长期为正。

表5.3　　经济增长、收入不平等对主要财政支出的脉冲响应值（第0~3期）

变量	脉冲值类别	公共教育支出	公共卫生支出	社会保障支出	公共投资支出	经济事务支出	一般性支出
增长	累计值	−0.0097	0.0040	0.0008	0.0022	0.0013	0.0055
	显著值	−0.0081	0.0018	无	无	无	0.0024
不平等	累计值	0.0006	−0.0054	0.0007	−0.0021	−0.0017	0.0054
	显著值	0.0014	−0.0054	无	−0.0014	无	0.0054

5.3　财政支出对共享式增长的综合影响分析

5.3.1　数据描述性统计与平稳性检验

本节主要涉及三类变量，包括共享式增长指数、财政支出总量和分项财政支出。其中，共享式增长指数是在第4章中利用公式IGI计算得出，财政支出变量、分项支出变量和数据来源同上节，所有变量的数据时限为1998—2013年，为23个省的平衡面板数据。

表5.4　　　　　　　数据描述性统计（实证分析Ⅱ）

变量	观察值	平均值	标准差	最小值	最大值
igi	345	0.918340	0.448746	−0.99628	2.713791
dt	345	0.009037	0.019319	−0.11282	0.143509
dedu	345	0.001479	0.003688	−0.03290	0.018566
dheal	345	0.000686	0.001456	−0.00274	0.007673
dpro	345	0.001342	0.005858	−0.04241	0.053261
deco	345	0.003761	0.009693	−0.03879	0.054619
dgen	345	0.00032	0.001283	−0.01457	0.004513
dinv	345	0.002779	0.011910	−0.04134	0.112436

同上节处理方法，对财政支出变量进行差分处理，并利用Levin-Lin-Chu（LLC）检验和Im-Pesaran-Shin（IPS）检验对数据进行平稳性检验，结果显示，所有变量在1%的置信水平上通过平稳性检验（详见附录9）。

5.3.2 滞后阶数选择与模型稳定性检验

从AIC、BIC和HQIC准则判定结果看，除了经济事务支出变量外，其他支出变量的最优滞后阶数为2。经济事务支出PVAR模型的AIC、BIC和HQIC数值不一致，对应的滞后阶数分别为3、1、2，按照BIC和HQIC优于AIC的原则，同时根据其他支出变量的判定结果，将经济事务支出最优滞后阶数设定为2（详见附录10）。

利用PVAR模型的稳定性检验程序，对纳入不同财政支出变量的PVAR模型的稳定性进行检验，结果显示，笔者构建的模型是稳定的，模型的所有特征根都小于1，可以进行脉冲响应分析。

5.3.3 脉冲响应分析

以"共享式增长指数（digi）、财政支出总量（dt）、分项财政支出（包括dedu、dheal、dpro、deco、dgen）"为顺序，绘制了共享式增长指数（igi表示）分别对公共教育支出（dedu表示）、公共卫生支出（dheal表示）、社会保障支出（dpro表示）、公共投资支出（dinv表示）、经济事务支出（deco表示）和一般性支出（dgen表示）的脉冲响应图。实证结果显示，各项财政支出对共享式增长的综合作用与理论预期较为一致，公共教育支出、公共卫生支出对共享式增长有显著的促进作用，社会保障支出、公共投资支出、经济事务支出和一般性支出对共享式增长作用不显著。

从共享式增长指数对公共教育支出的脉冲响应看，在当期给公共教育支出1个单位标准差的正向冲击时，公共教育支出对共享式增长在第1期和第5期具有显著促进作用，脉冲响应值分别达到0.0957和0.0304。这似乎与公共教育支出增长效应和分配效应的PVAR实证结果相悖，即公共教育支出的增长效应（对人均实际GDP增长率的影响）在第1~2期显著为负，公共教育支出的分配效应（对基尼系数的影响）在第1期显著为正，第2期之后为负，但不显著。考虑到公共教育支出可能对居民收入（共享式增长指数的另一个驱动因素，与基尼系数共同构成弹性系数中的分子部分）的直接影响，比如，政府的公共教育支出能够替代居民的教育支出，从而相应增加居民的可支配收入，这两个实证结果并不矛盾。当然，由于数据所限，笔者没有对公共教育支出的内部结构（比如基础教育、高等教育、职业教育等领域的支出）展开进一步分析，从而确认公共教育支出对居民收入的直接影响，这个问题有待于未来进一步深入研究。从共享式增长指数对公共卫生支出的脉冲响应看，在当期给公共卫生支出1个单位标准差的正向冲击时，公共卫生支出对共享式增长的促进作用在第1期和第3期比较显著，分别达到0.0368和0.0416。这与上一节公共卫生支出增长效应和分配效应的实证结果是一致的，即公共卫生支出在促进经济增长的同时能够显著改善收入分配。

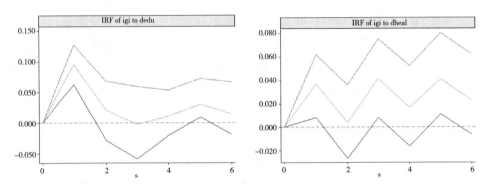

注：蒙特卡洛模拟500次，中间曲线为脉冲响应函数曲线，表示该变量对财政支出变量冲击的反应，上下两侧的曲线为5%和95%置信区间。纵轴表示影响程度，横轴表示冲击作用的滞后期，1期长度为1年。

图5.10　共享式增长指数对公共教育支出和公共卫生支出的脉冲响应

从共享式增长指数对社会保障支出的脉冲响应看，社会保障支出对共享式增长没有显著作用，这与上一节社会保障支出对经济增长和收入不平等均无显著作用的实证结果相符。从共享式增长指数对公共投资支出的脉冲响应看，公共投资支出也并未对共享式增长起到显著的促进作用，而上一节公共投资支出增长效应和分配效应实证结果显示，公共投资支出对经济增长具有短期的、不显著的促进作用，同时对收入分配不具有显著的持续改善作用。综合两个实证结果可以看出，公共投资支出促进经济增长的同时，没有相应提升居民收入，在收入分配不变的情况下，共享式增长指数并没有提升。

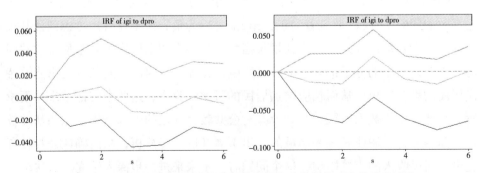

图5.11　共享式增长指数对社会保障支出和公共投资支出的脉冲响应

从共享式增长指数对经济事务支出的脉冲响应看，经济事务支出对共享式增长没有显著作用，这与上一节经济事务支出对经济增长和收入不平等均没有显著作用的实证结论是一致的。而一般性支出（包括国防支出和公共安全支出）也并没表现出对共享式增长的显著作用，而上一节一般性支出增长效应和分配效应的实证结果显示，一般性支出在第3期之后对经济增长具有促进作用，并在较长时期内会恶化收入不平等，这两种效应的相互抵消，使得一般性支出对共享式增长并不具有显著作用。

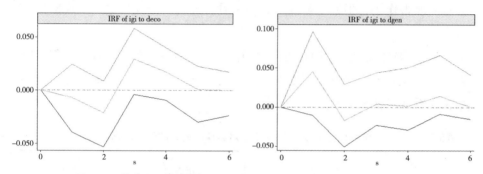

图5.12　共享式增长指数对经济事务支出和一般性支出的脉冲响应

5.3.4　关于财政支出影响共享式增长的进一步讨论

利用PVAR模型的脉冲响应分析，笔者实证检验了不同财政支出对共享式增长的作用方向和作用力度。从作用方向上看，公共教育支出和公共卫生支出对共享式增长具有显著的、较为持续的促进作用，社会保障支出、公共投资支出、经济事务支出和一般性支出对共享式增长没有显著作用。结合财政支出的增长效应和分配效应的实证结果，可以初步得到不同财政支出对共享式增长的作用机制。

（1）公共教育支出。公共教育支出短期内会降低经济增长率，但由于公共教育支出对居民收入增长（共享式增长指数的分子部分）的直接作用，短期内将促进共享式增长，由于公共教育支出对收入不平等在长期内具有一定改善作用，公共教育支出在长期内（实证结果显示在第5期仍然具有显著促进作用）也起到了提高经济增长共享程度的作用。

（2）公共卫生支出。公共卫生支出能够在促进经济增长的同时，显著降低收入不平等。因此，对共享式增长的作用也十分显著。但公共卫生支出作用的持续时间要短于公共教育支出，在第3期之后没有显著作用。

（3）社会保障支出。由于不具有显著的增长效应和分配效应，社会保障支出并没有显著提升经济增长的共享程度。

（4）公共投资支出。公共投资支出对经济增长具有短期的、不显著的促进作用，同时对收入分配不具有显著的改善作用。综合两种效应，对共享式增长没有显著作用。

（5）经济事务支出。经济事务支出对经济增长没有显著作用，对收入分配具有短期改善作用，但并不显著。总体来看，经济事务支出对共享式增长没有显著作用。

（6）一般性支出。一般性支出对经济增长具有一定的促进作用，但在较长时期内会恶化收入不平等。以上两种效应的相互抵消，使得一般性支出对共享式增长并不具有显著作用。

表5.5　　　　　PVAR检验结果：财政支出对共享式增长的综合影响

支出类别	影响	支出类别	影响
公共教育支出	第1期和第5期具有显著促进作用	公共投资支出	无显著作用
公共卫生支出	第1期和第3期具有显著促进作用	经济事务支出	无显著作用
社会保障支出	无显著作用	一般性支出	无显著作用

资料来源：作者根据实证结果自行整理。

在分析财政支出对共享式增长的影响方向与作用机制的基础上，笔者分别汇总了第0~3期的脉冲响应累计值和由5%和95%置信区间曲线决定的脉冲响应显著值，以全面反映不同财政支出增长效应和分配效应的数量关系。从第0~3期累计值看，公共教育支出和公共卫生支出对共享式增长的累计影响仍然最大，分别为0.1146和0.0825，经济事务支出和一般性支出累计影响依然为正，公共投资支出的累计效应为负，社会保障支出累计效应为0；从显著值看，只有公共教育支出和公共卫生支出对共享式增长具有显著促进作用，社会保障支出、公共投资支出、经济事务支出、一般性支出均无显著作用。

表5.6　　　　　共享式增长对主要财政支出的脉冲响应值（第0~3期）

时期	公共教育支出	公共卫生支出	社会保障支出	公共投资支出	经济事务支出	一般性支出
累计值	0.1146	0.0825	0.0000	−0.0099	0.0017	0.0327
显著值	0.0957	0.0368	无	无	无	无

资料来源：作者根据实证结果自行整理。

5.4　财政支出影响共享式增长的区域差异分析

研究显示，财政支出的增长效应和分配效应在处于不同经济发展阶段的地区具有不同特点，也使得财政支出对共享式增长的作用具有一定的区域差异。为检验财政支出影响共享式增长的区域差异，笔者将23个省按照样本期内（1998—2013年）人均实际GDP均值的中位数，将23个省简单划分为经济发达地区和非经济发达地区[①]，并按照前述的方法，分析经济发达地区和非发达地区财政支出对共享式增长的影响，并分析影响的具体差异。

表5.7　　　　　　　　　　　省份划分结果

区域类型	样本省份
发达地区（12个）	北京、上海、江苏、浙江、福建、湖北、广东、重庆、河北、内蒙古、辽宁、黑龙江
非发达地区（11个）	山西、安徽、江西、广西、四川、贵州、陕西、甘肃、青海、宁夏、新疆

5.4.1　数据统计性描述与平稳性检验

本小节的数据来源和处理方法同上一节，分别建立发达地区和非发达地区的面板数据，数据时间为1998—2013年。为确保脉冲响应分析的有效性，利用

---

① 由于只有23个省份样本，为保证PVAR模型的稳定性，无法对各省进行更为细致的划分，比如经济发达地区、经济较发达地区、经济欠发达地区。笔者以23个省按照样本期内（1998—2013年）人均实际GDP均值的中位数为标准，将各省划分为发达地区和非发达地区。对照其他学者的划分结果（潘敏，2012；刘建民，2012），这种划分法虽然简单，但仍然不失一般性。笔者划分的发达地区和非发达地区基本上对应了其他学者的经济发达地区和经济欠发达地区，而其他学者划分的经济较发达地区的部分省份则分别划入笔者划定的发达地区和非发达地区。

Levin-Lin-Chu（LLC）检验和Im-Pesaran-Shin（IPS）检验，分别对发达地区和非发达地区数据进行面板单位根检验。结果显示，所有变量在1%的置信水平上通过平稳性检验（面板单位根检验结果详见附录11）。

表5.8 数据描述性统计（实证分析 III）

地区	变量	观察值	平均值	标准差	最小值	最大值
发达地区	igi	180	0.974089	0.461061	−0.4154	2.7138
	dt	180	0.005972	0.008125	−0.0258	0.0411
	dedu	180	0.001012	0.002223	−0.0069	0.0101
	dheal	180	0.000424	0.000995	−0.0027	0.0072
	dpro	180	0.001013	0.002505	−0.0100	0.0121
	deco	180	0.002389	0.005360	−0.0173	0.0250
	dgen	180	0.000262	0.000624	−0.0018	0.0017
	dinv	180	0.001423	0.006889	−0.0181	0.0363
非发达地区	igi	165	0.857524	0.428067	−0.9963	1.7206
	dt	165	0.012386	0.02625	−0.1128	0.1435
	dedu	165	0.001989	0.004752	−0.0329	0.0186
	dheal	165	0.000964	0.001791	−0.0023	0.0077
	dpro	165	0.001699	0.008054	−0.0424	0.0532
	deco	165	0.005250	0.012702	−0.0388	0.0546
	dgen	165	0.000379	0.001741	−0.0146	0.0045
	dinv	165	0.004255	0.015540	−0.0413	0.1124

5.4.2 滞后阶数选择与模型稳定性检验

从AIC、BIC和HQIC准则判定结果看，所有支出变量的最优滞后阶数为3（滞后阶数选择相关数据详见附录12）。利用PVAR模型的稳定性检验程序，对纳入不同财政支出变量的PVAR模型的稳定性进行检验，结果显示，笔者构建的模型是稳定的，模型的所有特征根都小于1，可以进行脉冲响应分析。

5.4.3　脉冲响应分析

　　建立发达地区和非发达地区的PVAR模型，分别进行脉冲响应分析。结果显示，与全样本结果一致，在发达地区和非发达地区，公共教育支出对共享式增长具有显著促进作用，社会保障支出、公共投资支出、经济事务支出和一般性支出对共享式增长没有显著作用。但也有与全样本结果不一致的地方：一是公共卫生支出在发达地区对共享式增长具有显著促进作用，但在非发达地区对共享式增长没有显著作用；二是相比于发达地区，公共教育支出在非发达地区的共享式增长促进作用更为显著且更持续，这与徐俊武（2013）的研究结论一致。对于公共卫生支出在非发达地区没有提升经济增长的共享程度，可能的解释是：一是根据刘穷志（2007）的研究，公共卫生支出效果依赖于医疗资源，由于医疗设施、人员等医疗资源更加集中于发达地区，公共卫生支出的效果比非发达地区更加明显；二是发达地区的公共卫生支出更多，医疗保障水平更高，这意味着在发达地区的穷人相比于非发达地区的穷人更容易获得医疗卫生服务，因此在发达地区，公共卫生支出能够改善收入分配，并提高穷人的健康人力资本和可行能力，而在非发达地区，医疗保障水平低，穷人无力使用医疗服务和获得医疗保险报销，富人反而更多利用医疗服务和获得医疗保险报销，因此，在提高经济增长共享程度方面作用不显著；三是根据李永友等（2007）的研究，非发达地区公共卫生支出效率更低。对于公共教育支出在非发达地区的共享式增长促进作用更为显著且更持续，可能的解释是，公共教育支出在非发达地区更为缺乏，因此具有更高的边际产出。

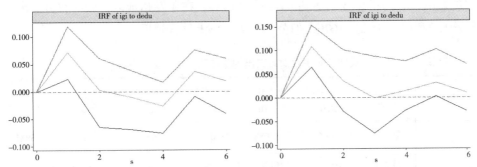

　　注：左图为发达地区，右图为非发达地区。蒙特卡洛模拟500次，中间曲线为脉冲响应函数曲线，表示该变量对财政支出变量冲击的反应，上下两侧的曲线为5%和95%置信区间。纵轴表示影响程度，横轴表示冲击作用的滞后期，1期长度为1年。下同。

图5.13　共享式增长指数对公共教育支出的脉冲响应（区域差异）

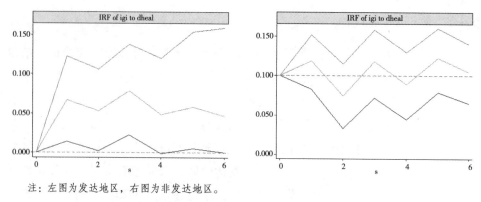

注：左图为发达地区，右图为非发达地区。

图5.14　共享式增长指数对公共卫生支出的脉冲响应（区域差异）

5.4.4　关于财政支出影响共享式增长区域差异的进一步讨论

从上述分析可以得出，总体来看，社会性支出（比如公共教育支出、公共卫生支出）对共享式增长具有显著的促进作用，经济性支出（比如公共投资支出、经济事务支出）对共享式增长的作用不显著，而且不同类型财政支出对共享式增长的影响存在一定的区域差异。笔者分别汇总了发达地区和非发达地区第0~3期的脉冲响应累计值和由5%和95%置信区间曲线决定的脉冲响应显著值，以全面反映不同财政支出影响共享式增长的数量关系和区域差异。从第0~3期累计值看，在发达地区，公共卫生支出和公共教育支出的累计影响最大，分别为0.1983和0.0658，在非发达地区，公共教育支出和一般性支出的累计影响最大，分别为0.1415和0.054；从显著值看，在发达地区，公共教育支出和公共卫生支出的影响显著为正，分别达到0.0723和0.1983，在非发达地区，公共教育支出的影响显著为正，达到0.1079，但公共卫生支出无显著效果。

表5.9　　　　共享式增长对主要财政支出的脉冲响应值（第0~3期）

地区	脉冲值类别	公共教育支出	公共卫生支出	社会保障支出	公共投资支出	经济事务支出	一般性支出
发达地区	累计值	0.0658	0.1983	0.0516	0.0358	−0.0091	−0.3931
	显著值	0.0723	0.1983	无	无	无	无
非发达地区	累计值	0.1415	0.0114	−0.0108	−0.0066	−0.0112	0.054
	显著值	0.1079	无	无	无	无	无

5.5　本章小结

本章运用面板向量自回归（PVAR）模型，实证研究了财政支出对共享式增长的影响。主要实证结果如下：

（1）财政支出整体上具有促进经济增长的长期作用，但并没有发挥应有的改善收入分配的作用。

（2）公共教育支出短期内对经济增长具有负面作用，降低收入不平等的作用时滞较长；公共卫生支出在短期内能够提高经济增长同时，降低收入不平等；社会保障支出对经济增长和收入不平等没有产生显著作用；公共投资支出在短期内促进经济增长，并对收入分配起到了微弱的、短期的改善作用；经济事务支出对经济增长无显著影响，对收入分配有不显著的改善作用；一般性支出能够促进经济增长，但同时也会恶化收入不平等。

（3）公共教育支出对共享式增长具有长期、显著的促进作用；公共卫生支出对共享式增长的作用十分显著，但其作用的持续时间要短于公共教育支出；社会保障支出、公共投资支出、经济事务支出和一般性支出对共享式增长没有显著作用。

（4）财政支出对共享式增长的影响具有一定的区域差异：公共卫生支出在发达地区对共享式增长具有显著促进作用，但在非发达地区对共享式增长没有显著作用；相比于发达地区，公共教育支出在非发达地区的共享式增长促进作用更为显著且更持续。

第6章 研究结论和政策建议

6.1 研究结论

笔者全面梳理了财政支出对共享式增长的直接和间接影响机制，基于阿玛蒂亚·森提出的社会福利指数和脱钩指数方法，构建了一个全新的共享式增长指数（IGI指数），详细分析了我国经济增长共享式增长的时序变化和省域差异，并运用面板向量自回归（PVAR）模型，实证研究财政支出对共享式增长的影响机制、作用方向和区域差异，得出以下主要研究结论：

（1）在经济增长的同时，提高民众对经济增长成果的共享程度，是共享式增长的基本理念，也是当前我国经济社会发展过程中的一个关键性问题。经济增长的"涓滴效应"和"扩散效应"并不会自动出现，共享式增长并非一个自然而然的过程。实现共享式增长，需要政府实施合理有效的公共政策和制度安排，在这个过程中，财政支出能够发挥重要作用。

（2）财政支出对共享式增长主要有两个影响机制：即财政支出的增长效应和分配效应。不同类别财政支出增长效应和分配效应的作用机理和影响程度具有一定差异。公共投资支出、经济事务支出等经济性支出的主要目标在于促进经济增长，具有较为直接的增长效应，但也会通过归宿于不同地区或群体，产生一定的分配效应；公共教育支出、公共卫生支出、社会保障支出等社会性支出的主要目标在于促进社会公平，具有较为直接的分配效应，但也会通过促进人力资本积累和可行能力，产生一定的增长效应。

（3）改革开放以来，我国经济增长总体上具有共享特征，大致可以分为以下几个阶段：第一阶段为1979—1984年，即改革开放早期，经济增长具有高度共享特征，基尼系数较低，人均GDP和社会福利迅速提高；第二阶段为1985—2008年，经济增长具有中低共享程度，基尼系数逐年攀升，经济增长尽管比第一阶段更快，但收入分配的恶化，抵消了经济高速增长带来的社会福利增量；

第三阶段为2008年后，经济增长开始由中度共享转向高度共享，这得益于维持较高的人均GDP年均增长率的同时，基尼系数由峰值开始有所下降，社会福利有较大幅度提升。

（4）1996年以来，省域经济增长总体上具有共享特征，但在具体表现上呈现出较为明显的区域差异。多数省份的共享式增长指数均值低于1，即经济增长具有中度共享，实现高度共享的只有北京、上海和浙江这3个省份。从共享式增长指数的具体数值看，多数省份实现中度共享和低度共享的年份要多于实现高度共享的年份，只有北京实现高度共享的年份比例超过60%。

（5）对财政支出增长效应和分配效应的实证结果显示：财政支出整体上具有促进经济增长的长期作用，但并没有发挥应有的改善收入分配的作用；公共教育支出短期内对经济增长具有负面作用，降低收入不平等的作用时滞较长；公共卫生支出在短期内能够提高经济增长同时降低收入不平等；社会保障支出对经济增长和收入不平等没有产生显著作用；公共投资支出在短期内促进经济增长，并对收入分配起到了微弱的、短期的改善作用；经济事务支出对经济增长无显著影响，对收入分配有不显著的改善作用；一般性支出能够促进经济增长，但同时也会恶化收入不平等。

（6）对财政支出影响共享式增长的实证结果显示：公共教育支出对共享式增长具有长期、显著的促进作用；公共卫生支出对共享式增长的作用也十分显著，但其作用的持续时间要短于公共教育支出；社会保障支出、公共投资支出、经济事务支出和一般性支出对共享式增长没有显著作用。在发达地区和非发达地区，财政支出对共享式增长的影响具有一定差异：公共卫生支出在发达地区对共享式增长具有显著促进作用，但在非发达地区对共享式增长没有显著作用；相比于发达地区，公共教育支出在非发达地区的共享式增长促进作用更为显著且更持续。

6.2　政策建议

当前，我国经济发展进入高速增长转为中高速增长的新常态，更加注重经济增长的质量和效益，促进国民经济由中低端向中高端升级。共享式增长强调经济增长的可持续性和增长成果的公平共享，是在新常态下具备适应性和可行性的经济增长方式。笔者的理论和实证分析都说明，财政支出在促进共享式增长方面能够发挥重要作用，但不同类别财政支出的作用方向和力度有所不同，而且在发达地区和非发达地区呈现出一定差异。这也从侧面反映了在促进共享式增长方面，财政支出无论是总量还是结构都具有一定的调整空间。基于笔者的研究结论，笔者提出如下政策建议。

6.2.1 适当提高财政支出占GDP比重，扩大共享式增长的财政资源

尽管促进共享式增长的任务要具体落实到各分项财政支出（即财政支出结构），但结构调整的基础在于适当的财政支出规模。从财政支出规模的国际比较看，1990年以来，我国的财政支出占GDP比重与发达国家代表七国集团的平均值相比有较大差距，尽管该差距在逐步缩小，从1990—1999年的23.65%下降至2008—2013年的9.39%。而与新兴十一国和金砖国家的平均值（分别为24.60%和25.42%）相比，我国的财政支出占GDP比重（22.78%）也相对较低。这也一定程度上导致了部分对共享式增长具有显著作用的社会性支出（如公共教育支出、公共卫生支出等）占GDP比重也较低。比如，我国公共教育支出占GDP比重（2008—2013年均值，3.62%[①]）不仅远低于七国集团的5.01%，也低于新兴十一国4.80%的平均水平和金砖国家4.73%的平均水平；我国公共卫生支出占GDP比重（2008—2013年均值，2.72%）不足七国集团8.06%的一半，也低于新兴十一国3.37%的平均水平和金砖国家3.22%的平均水平。适当提高财政支出占GDP比重，可以为发挥财政支出作用提供足够的财政资源，尤其是为调整各分项支出的比重留有足够空间。

6.2.2 提高公共教育和卫生支出比重，注重社会保障支出归宿精准性

理论上认为，提高社会性支出有助于促进共享式增长，这一点与笔者实证结果相一致。但笔者发现，在我国现有的国情下，不同社会性支出不仅在增长效应和分配效应上表现不一，对共享式增长的综合作用也有所不同，更具操作意义的发现是，不同社会性支出在发达地区和非发达地区对共享式增长的作用效果不同。基于上述结论，笔者对社会性支出的调整提出以下建议：一是应进一步提高公共教育支出比重，尤其要加大对非发达地区的投入。笔者发现，

[①] 需要指出的是，笔者所指的公共教育支出是公共财政预算教育经费，它是国家财政性教育经费的一部分。1993年《中国教育改革和发展纲要》提出国家财政性教育经费支出占GDP比例要达到4%。

公共教育支出对共享式增长具有显著的促进作用，而且在非发达地区，公共教育支出的作用更为显著和持续。二是应继续提高公共卫生支出比重，注重发达地区与非发达地区的卫生资源均等化，提高非发达地区公共卫生支出效率。笔者发现，尽管在发达地区对共享式增长的促进作用明显，但在非发达地区并没有显著作用。三是大力改革社会保障支出体系，提高社会保障支出归宿的精确性，比如可以实施基于收入调查（means-test）的政府补贴政策[①]以及有条件的现金转移支付工具[②]（conditional cash transfers，CCT）。笔者发现，无论是在发达地区，还是非发达地区，社会保障支出对共享式增长都没有显著作用，这说明社会保障支出可能存在所谓的"领导人法则"现象，并没有按照预期目标归宿于低收入阶层，没能发挥改善收入分配的作用。

6.2.3　提高公共投资和经济事务支出效率，减少冗余的一般性支出

尽管社会性支出在促进共享式增长方面发挥主要作用，但经济性支出和一般性支出也应该根据增长效应和分配效应的不同进行相应调整。一是降低对公共投资的依赖，优化公共投资支出结构，注重提高公共投资效率。实证结果显示，以促进经济增长为主要目标的公共投资支出并没有发挥显著作用，对共享式增长也没有显著作用。二是适当降低经济事务支出，并大力提高支出效率，经济事务支出比重反映了政府对经济事务的参与度，主要目标是为经济主体参与市场经济活动提供良好的、公平的竞争环境，进而促进经济增长。但实证结果显示，经济事务支出在促进经济增长、改善收入分配以及提高经济增长共享程度方面均没能发挥显著作用。三是适当减少冗余的一般性支出，实证结果发现，一般性支出对经济增长具有一定促进作用，但要在滞后3期才能发挥作用。而其对收入不平等具有持续的恶化作用，总体上对共享式增长也没有显著作用。在这种情况下，可考虑适当减少冗余的一般性支出，将腾挪出的财政资源用于增长效应和分配效应更强、对共享式增长促进作用更为显著的支出项目，比如公共教育支出和公共卫生支出。

---

① 即为收入低于某一临界值的家庭提供现金或社会救济，能够直接降低收入不平等和贫困。

② 有条件现金转移支付（CCT）能够直接为穷人家庭提供投资人力资本的正向激励，成功案例包括巴西的Bolsa Familia计划和墨西哥的oportunidades计划，这些项目仅用短短10年就成功地提高了财政体制的累进程度，减少了不平等（Kanbur，2014）。

6.2.4　协同推进税收、普惠金融、就业等其他必要的政策措施

财政支出政策只是促进共享式增长的公共政策安排的一部分，还需要有其他政策措施的协同和配合。尽管笔者没有涉及这方面的理论分析和实证研究，但结合现有文献的研究成果和部分国际组织（如亚洲开发银行，ADB）的建议，可考虑以下几个方面的协同政策。一是改进税收结构，在筹集财政收入的同时，发挥税收应有的再分配作用。实践证明，促进共享式增长方面，财政支出政策和税收政策相互配合十分重要。基于此，可考虑的相关税收政策包括：适当扩大税基；逐步提高直接税比重；增加税收累进性质；加强非所得税的累进性质。二是加强政府治理能力建设，提高行政效率和财政支出效率，正如Hur（2014）所指出的，将更多财政支出更有效率地投入医疗卫生、教育等领域，是促进共享式增长的关键所在，如果不通过一定的技术措施（如创新转移支付工具、财政支出绩效评价机制、预算监督机制）提高支出效率，降低支出过程中的"跑冒滴漏"现象，简单提高支出总量或某分项财政支出，并不能带来更高的共享程度。三是加强财政政策与普惠金融政策的相互配合，普惠金融是指以可负担的成本将金融服务延伸至欠发达地区和低收入人群，为社会弱势群体创业脱贫提供金融服务。在促进共享式增长方面，财政政策和普惠金融政策有天然的契合点，应该发挥财政资金"四两拨千斤"的引导作用，为发展普惠金融提供一定的贴息、担保和增信服务。四是提高劳动参与率，促进就业型增长。就业是民生之本。研究表明，提高劳动参与率对于促进共享式增长具有重要作用（Kanbur等，2014）。因此，应继续加大对劳动力市场领域的财政投入，比如职业培训补贴、公益性岗位补贴、创业贷款贴息等，并不断提高公共就业服务水平。

6.3　研究展望

笔者在构建共享式增长指数、梳理财政支出对共享式增长的影响机制、实证研究财政支出对共享式增长综合影响等方面对现有文献作了一些补充。相比于如火如荼的共享式增长实践，现有理论研究方兴未艾，还需要从以下几个方面开展针对性研究。

一是继续完善"支出—增长—不平等"理论框架。笔者分别对财政支出

的增长效应和分配效应进行了分析，但财政支出、经济增长和收入不平等三者并非简单的单向影响的关系（甚至不是线性关系），因此，在统一框架内分析财政支出、经济增长和收入不平等三者的关系，进而考察财政支出对共享式增长的综合影响，是一个相当复杂的工程。从目前文献看，主要有两种思路：第一种思路是基于劳动内生供给、生育率内生决定等假设（或者说传导机制），将财政支出变化对经济增长（通过储蓄率、生育率影响）和不平等（通过教育投入、就业市场、人力资本积累影响）的影响模型化，这种思路的核心在于政府可以主动调节财政支出总量和结构，内生地决定经济增长和收入分配格局，这类文献主要包括Garcia-Penalosa和Turnovsky（2007）。从传导机制上看，这类文献主要是基于劳动供给、人力资本、储蓄率等经济因素。因此，可以将其称为研究支出、增长与不平等关系的经济均衡模型。第二种思路是在经济增长框架下或者收入不平等框架下，讨论经济增长或者收入不平等这两个不同的政策目标下，通过财政支出总量和结构变动，如何影响另外一个变量。简单地说，就是实现收入不平等最小化的财政支出结构对经济增长的影响以及实现经济增长最大化的财政支出结构对收入不平等的影响。基于前者的文献占多数，这是因为在发达国家，调整收入分配、促进社会福利是政府的主要目标，也是选民进行投票的重要参考依据，在这种背景下，发达国家的研究者往往将中间投票人（median voter）模型作为主要的传导机制，将支出、增长和不平等纳入统一分析框架，即一定的收入分配格局（不同程度的收入不平等）导致选民对不同财政支出结构或者税收政策的需求，这些政策需求通过投票转化为现实的财税政策后，将对经济增长产生影响，这类文献包括Li和Zou（1998）、尹恒等（2006）、Alesina和Rodrik（1994）。由此可见，这类文献的特点在于在经济模型中嵌入了政治因素，因此，也被称为研究支出、增长与不平等关系的政治经济均衡模型。无论是经济均衡模型，还是政治经济均衡模型，财政支出在经济增长和收入不平等关系中间扮演着关键变量的角色。需要指出的是，基于经济均衡模型的文献一般只是研究了某一种传导机制，比如劳动内生供给、就业市场，事实上支出、增长和不平等之间存在众多内生性的传导机制。这类文献主要贡献在于阐明支出具有增长效应和分配效应以及两种效应的动态权衡关系，但毕竟难以穷尽三者之间的作用机制，从这个角度讲，研究支出、增长和不平等关系更多是一个实证问题，关注众多相互作用机制的净效果。这也是为什么研究三者关系的实证文献多如牛毛，而构建数理模型的文献却寥若晨星。

基于政治经济均衡模型的文献，往往沿着收入不平等→财政支出（以及税收）→经济增长的路径展开，在收入不平等影响财政支出的机制上主要是中间投票人模型。而几乎很少有文献从相反的路径展开，即经济增长→财政支出（以及税收）→收入不平等。在今后的研究中，应该进一步完善"支出—增长—不平等"理论，尤其要重视可能更加符合发展中国家现实国情的"经济增长→财政支出（以及税收）→收入不平等"研究路径。

二是理论模型的中国化问题。当前，研究财政支出对经济增长、收入分配以及共享式增长的影响，主要反映了实行投票选举制度的发达国家的情况，但在发展中国家，有几种不同情况需要考虑：一是在民主机制不健全的情况下，中间投票人模型的适用性有待验证；二是发展中国家的政府目标可能更侧重于经济增长，所以三者关系的路径可能更倾向于第二种，即经济增长→财政支出（以及税收）→收入不平等；三是由于劳动力市场、生育制度可能存在扭曲，三者的传导机制可能于发达国家有所不同；四是众多研究表明，城乡收入差距是发展中国家收入不平等的最重要因素，而现有的数理模型并没有将其考虑在内；五是对于我国而言，经济分权与政治集权并存的中国式分权是当前经济社会发展的最重要制度背景。研究表明，中国式分权可以通过财政支出这个中介变量同时作用于经济增长和收入不平等。因此，在研究我国财政支出、增长和不平等的三者关系时，应该考虑中国式分权因素。在为数不多的考虑我国现实国情的支出、收入不平等的文献中，廖信林（2012）、莫亚琳等（2011）基于城乡二元经济结构，将财政支出作为一个整体变量引入内生经济增长模型，并构建了城镇和农村不同的生产函数，用以考察财政支出与城市化等变量对城乡收入差距的影响，这类文献的贡献在于考虑了城乡二元经济结构，但是只考虑财政支出作为整体进入生产函数，而忽略了不同财政支出对经济增长和收入不平等的结构性影响。因此，只能得出财政支出总量的影响，而无法考察分项财政支出的不同影响，这使得这些文献的结论在评估和指导政府支出政策方面缺乏足够细致的参考价值。下一步研究中应关注理论模型的中国化问题，力求构建一个同时考虑中国式分权、城乡二元经济的"支出—增长—不平等"模型，用于考察在中国式分权和城乡二元经济结构的现实国情下，基于不同政策目标，财政支出总量和结构如何影响经济增长和收入不平等，进而分析财政支出对共享式增长的综合影响。

三是注重将共享式增长研究从收入维度拓展至非收入维度。笔者构建的共享式增长指数是基于阿玛蒂亚·森的社会福利指数，该社会福利指数只涉及居民收入和基尼系数。从严格意义上说，只是衡量经济福利，而没有将教育、健康等非收入维度纳入社会福利的范畴。这也是部分学者提出的"共享式发展"与"共享式增长"之间的区别。因此，笔者的共享式增长指数并没有全面反映社会福利状况，这是笔者的一大缺憾。目前对纳入非收入维度的共享式增长的研究，主要有两种方法：第一种方法是将教育、医疗等公共服务类指标与经济增长指标通过一定的标准化方法和合成方法（如主成分分析法、综合评价法）形成一个综合性指标；第二种方法是将非收入维度的社会福利通过一定的"影子价格"（shadow price）换算为等价指标（OECD已有相关尝试），与收入指标进行汇总，形成新的考虑了非收入维度和收入维度的综合指标。这两种方法各有利弊，前者的难点在指标的遴选和权重的设定，后者的难点在于"影子价格"的确定。无论如何，在未来的研究中，围绕共享式增长指数的构建，还需要有更多、更深入的探索。

附　　录

附录1　人均实际收入测算结果

年份	城镇实际收入	农村实际收入	城镇人口	农村人口	人均实际收入
1978	343.40	133.60	0.18	0.82	171.20
1979	397.31	159.25	0.19	0.81	204.39
1980	436.12	185.70	0.19	0.81	234.26
1981	446.08	214.29	0.20	0.80	261.01
1982	468.05	256.91	0.21	0.79	301.53
1983	485.91	293.39	0.22	0.78	335.02
1984	544.98	333.33	0.23	0.77	382.04
1985	550.81	359.25	0.24	0.76	404.67
1986	627.39	370.87	0.25	0.75	433.78
1987	641.47	390.11	0.25	0.75	453.75
1988	626.02	415.10	0.26	0.74	469.54
1989	626.71	408.42	0.26	0.74	465.63
1990	680.28	415.76	0.26	0.74	485.62
1991	729.38	424.05	0.27	0.73	506.30
1992	799.78	449.16	0.27	0.73	545.44
1993	876.01	463.46	0.28	0.72	578.93

年份	城镇实际收入	农村实际收入	城镇人口	农村人口	人均实际收入
1994	950.53	486.70	0.29	0.71	618.94
1995	996.89	512.49	0.29	0.71	653.16
1996	1035.69	558.58	0.30	0.70	704.01
1997	1071.06	584.23	0.32	0.68	739.58
1998	1132.88	609.35	0.33	0.67	783.95
1999	1238.30	632.60	0.35	0.65	843.26
2000	1317.63	645.82	0.36	0.64	889.15
2001	1429.57	672.94	0.38	0.62	957.89
2002	1621.30	705.27	0.39	0.61	1063.35
2003	1767.14	735.60	0.41	0.59	1153.69
2004	1903.12	785.57	0.42	0.58	1252.26
2005	2085.81	834.33	0.43	0.57	1372.34
2006	2303.18	896.06	0.44	0.56	1520.02
2007	2584.09	981.16	0.46	0.54	1716.73
2008	2801.11	1059.65	0.47	0.53	1877.95
2009	3074.80	1149.72	0.48	0.52	2080.34
2010	3314.50	1275.04	0.50	0.50	2293.75
2011	3593.07	1420.40	0.51	0.49	2534.32
2012	3937.77	1572.38	0.53	0.47	2815.86
2013	4213.58	1718.61	0.54	0.46	3059.15
2014	4500.26	1876.68	0.55	0.45	3313.61

资料来源：根据《中国统计年鉴》数据计算，人均实际收入以1978年为基年进行价格调整。

附录2　社会福利值的计算结果

年份	人均实际收入	基尼系数	1-基尼系数	社会福利值
1978	171.20	0.3093	0.6907	118.25
1979	204.39	0.3079	0.6921	141.46
1980	234.26	0.3151	0.6849	160.44
1981	261.01	0.2976	0.7024	183.34
1982	301.53	0.2750	0.7250	218.61
1983	335.02	0.2592	0.7408	248.18
1984	382.04	0.2639	0.7361	281.22
1985	404.67	0.2593	0.7407	299.74
1986	433.78	0.3216	0.6784	294.28
1987	453.75	0.3258	0.6742	305.92
1988	469.54	0.3252	0.6748	316.85
1989	465.63	0.3386	0.6614	307.97
1990	485.62	0.3320	0.6680	324.39
1991	506.30	0.3498	0.6502	329.20
1992	545.44	0.3693	0.6307	344.01
1993	578.93	0.3943	0.6057	350.66
1994	618.94	0.4035	0.5965	369.20
1995	653.16	0.3947	0.6053	395.36
1996	704.01	0.3746	0.6254	440.29
1997	739.58	0.3737	0.6263	463.20
1998	783.95	0.3827	0.6173	483.93
1999	843.26	0.3886	0.6114	515.57

年份	人均实际收入	基尼系数	1–基尼系数	社会福利值
2000	889.15	0.3951	0.6049	537.85
2001	957.89	0.4050	0.5950	569.94
2002	1063.35	0.4253	0.5747	611.10
2003	1153.69	0.4361	0.5639	650.56
2004	1252.26	0.4343	0.5657	708.40
2005	1372.34	0.4341	0.5659	776.61
2006	1520.02	0.4381	0.5619	854.10
2007	1716.73	0.4385	0.5615	963.94
2008	1877.95	0.4391	0.5609	1053.34
2009	2080.34	0.4380	0.5620	1169.15
2010	2293.75	0.4359	0.5641	1293.90
2011	2534.32	0.4266	0.5734	1453.18
2012	2815.86	0.4191	0.5809	1635.74
2013	3059.15	0.4088	0.5912	1808.57
2014	3313.61	0.4137	0.5863	1942.77

资料来源：根据《中国统计年鉴》数据计算，人均实际收入以1978年为基年进行价格调整。

附录3　我国共享式增长指数的计算结果

时间	福利值增长率	人均GDP增长率	共享式增长指数
1979	0.1963	0.0615	3.1935
1980	0.1342	0.0650	2.0657
1981	0.1427	0.0390	3.6550
1982	0.1924	0.0746	2.5779
1983	0.1353	0.0926	1.4604
1984	0.1331	0.1367	0.9736
1985	0.0659	0.1193	0.5519
1986	−0.0182	0.0724	−0.2516
1987	0.0396	0.0981	0.4034
1988	0.0357	0.0950	0.3758
1989	−0.0280	0.0248	−1.1303
1990	0.0533	0.0233	2.2932
1991	0.0148	0.0770	0.1923
1992	0.0450	0.1285	0.3502
1993	0.0193	0.1266	0.1527
1994	0.0529	0.1181	0.4477
1995	0.0709	0.0973	0.7285
1996	0.1136	0.0886	1.2824
1997	0.0520	0.0818	0.6359
1998	0.0448	0.0680	0.6578
1999	0.0654	0.0669	0.9770
2000	0.0432	0.0758	0.5700

时间	福利值增长率	人均GDP增长率	共享式增长指数
2001	0.0597	0.0752	0.7940
2002	0.0722	0.0835	0.8645
2003	0.0646	0.0934	0.6911
2004	0.0889	0.0943	0.9425
2005	0.0963	0.1066	0.9034
2006	0.0998	0.1205	0.8281
2007	0.1286	0.1357	0.9479
2008	0.0927	0.0907	1.0221
2009	0.1099	0.0867	1.2678
2010	0.1067	0.0991	1.0762
2011	0.1231	0.0878	1.4024
2012	0.1256	0.0713	1.7621
2013	0.1057	0.0714	1.4797
2014	0.0742	0.0945	0.7849

资料来源：根据全国总体基尼系数、人均实际收入和经济增长数据，利用共享式增长指数计算公式自行计算。

附录4　各省基尼系数估算结果（2007—2013）

地区	2007	2008	2009	2010	2011	2012	2013
北京	0.2816	0.2966	0.2923	0.2740	0.2840	0.2764	0.2712
河北	0.3725	0.3773	0.3801	0.3696	0.3577	0.3518	0.3471
山西	0.4159	0.4167	0.4244	0.4171	0.4129	0.4061	0.4003
内蒙古	0.3915	0.4033	0.4141	0.4070	0.4035	0.3887	0.4040
辽宁	0.3627	0.3733	0.3685	0.3576	0.3546	0.3411	0.3504
黑龙江	0.3797	0.3748	0.3719	0.3484	0.3393	0.3262	0.3230
上海	0.3031	0.3031	0.2953	0.2854	0.2818	0.2836	0.2869
江苏	0.3772	0.3770	0.3827	0.3738	0.3572	0.3506	0.3572
浙江	0.3668	0.3673	0.3664	0.3585	0.3531	0.3483	0.3315
安徽	0.4123	0.4139	0.4070	0.3890	0.3942	0.3805	0.3859
福建	0.3857	0.3927	0.3905	0.3854	0.3862	0.3747	0.3644
江西	0.3801	0.3764	0.3787	0.3672	0.3622	0.3566	0.3452
湖北	0.3885	0.3895	0.3916	0.3800	0.3662	0.3596	0.3515
广东	0.4136	0.4121	0.4101	0.3986	0.3880	0.3730	0.3709
广西	0.4525	0.4513	0.4501	0.4406	0.4417	0.4309	0.4279
重庆	0.4134	0.4019	0.4007	0.3836	0.3743	0.3666	0.3633
四川	0.4031	0.3953	0.4046	0.3986	0.3850	0.3866	0.3835
贵州	0.4907	0.4795	0.4840	0.4756	0.4685	0.4593	0.4497
陕西	0.4610	0.4586	0.4623	0.4403	0.4189	0.4088	0.4228
甘肃	0.4816	0.4702	0.4673	0.4563	0.4571	0.4586	0.4446
青海	0.4902	0.4902	0.4831	0.4632	0.4610	0.4438	0.4354
宁夏	0.4472	0.4517	0.4422	0.4351	0.4239	0.4204	0.4150
新疆	0.4307	0.4365	0.4271	0.4071	0.3969	0.3743	0.3699

资料来源：根据田卫民（2012c）估算方法和《中国统计年鉴》数据进行估算。

附录5　各省共享式增长指数（1996—2013）

时间	北京	河北	山西	内蒙古	辽宁	黑龙江
1996	1.8518	0.9259	1.6031	1.2920	1.4202	1.6199
1997	0.5371	0.5447	0.7354	0.3956	0.5625	0.3055
1998	0.4551	0.1175	0.8543	1.5016	1.2884	−0.0585
1999	0.8066	0.2655	−0.4222	0.2928	0.0648	0.5323
2000	0.9464	0.2955	1.0116	0.0002	−0.4154	−0.1902
2001	1.1319	0.9524	0.3912	0.2785	1.2829	0.6210
2002	0.9021	1.0575	1.4446	0.6489	0.7024	0.7743
2003	1.5589	0.6224	0.5177	0.3944	0.7375	0.5402
2004	0.7274	0.7558	0.5996	0.7740	0.6857	1.1820
2005	1.8549	0.8949	1.1741	0.5824	1.7847	0.5147
2006	1.5028	0.8178	0.8930	0.8236	0.7572	0.7970
2007	0.8449	0.9113	0.8052	0.9681	0.9321	0.7120
2008	2.7138	0.9505	1.5850	0.9392	1.3328	1.3174
2009	2.3662	1.1844	1.4781	0.4982	0.7713	0.7446
2010	1.9830	1.0975	0.8353	0.8558	1.0643	0.9935
2011	1.4928	1.1851	1.4519	0.9880	1.1145	0.9352
2012	1.7532	1.3569	1.3936	1.2797	1.5095	1.2215
2013	1.5159	1.2823	1.1791	0.6297	0.8127	1.1529

资料来源：根据各省基尼系数、人均实际收入和经济增长数据，利用共享式增长指数计算公式自行计算。

续表

时间	上海	江苏	浙江	安徽	福建	江西
1996	0.4186	1.0855	0.7623	1.2447	1.7313	1.3758
1997	0.3442	0.7506	0.4475	0.9502	1.2245	0.8270
1998	0.5051	0.5147	0.7278	0.3007	0.5108	−0.3867
1999	2.0642	0.8463	0.8602	0.9382	0.6541	0.8550
2000	0.6687	0.7817	1.3390	0.3151	1.2301	−0.2364
2001	0.9026	0.6246	1.4839	0.7204	1.1219	0.8944
2002	0.6289	0.5450	0.9157	0.6429	0.7687	1.0927
2003	0.5324	0.7145	0.7096	0.1454	0.5327	0.8656
2004	0.8716	0.6205	0.5520	1.0753	0.6688	0.5973
2005	1.6826	1.0276	0.8851	0.6592	0.9698	0.8902
2006	1.0884	0.7494	0.9245	1.0658	0.7411	1.0137
2007	1.2746	0.8305	0.6635	1.1009	0.5285	1.0124
2008	2.5127	1.2934	1.5493	1.2130	1.3389	1.0126
2009	2.1644	0.8845	1.2897	0.9635	1.1234	1.1168
2010	1.5167	1.1952	1.1437	0.7798	1.0410	0.9984
2011	1.7092	1.3329	1.6718	1.0090	0.9515	1.0114
2012	1.3242	1.2300	1.3868	1.3177	1.2939	1.2635
2013	1.0386	0.7823	1.3660	0.8885	1.0264	1.1581

资料来源：同上。

续表

时间	湖北	广东	广西	重庆	四川	贵州
1996	1.2213	1.2261	1.7342	0.7745	1.2458	0.8384
1997	0.4581	0.9575	1.6530	1.0452	0.8208	−0.3229
1998	0.6197	0.8191	0.7831	1.1416	0.8692	0.4871
1999	0.9287	1.0307	1.2302	0.6676	0.8309	0.6684
2000	0.8280	0.4781	−0.8174	0.8723	0.4444	−0.9963
2001	0.2304	0.7663	1.0742	0.3943	0.4341	0.0582
2002	0.9188	0.5136	0.8001	0.7854	0.5866	0.6241
2003	0.4124	0.3446	0.5767	1.2218	0.4741	0.5549
2004	1.5949	0.5609	0.8832	0.9351	0.6612	0.8561
2005	−0.1695	0.6361	0.7296	1.0939	0.7594	0.7631
2006	0.6943	0.6893	0.4674	0.6303	0.6569	0.3416
2007	0.8792	0.5759	0.9661	0.6445	0.9008	0.8620
2008	1.0452	1.4451	1.5269	1.3040	1.5113	1.2160
2009	0.7318	1.6601	0.9374	0.9851	0.5277	0.8300
2010	1.0954	1.2937	0.7370	1.0304	0.6862	1.1947
2011	1.0192	1.5860	0.5326	1.2028	0.9329	0.9445
2012	1.2231	1.7308	1.3634	1.1387	1.0187	1.1189
2013	1.0259	0.9856	1.1230	0.8360	1.0391	1.0880

资料来源：同上。

续表

时间	陕西	甘肃	青海	宁夏	新疆
1996	1.2001	1.2114	0.6009	0.7677	0.5723
1997	0.5278	0.7620	0.6859	0.4823	1.0651
1998	0.9806	1.5799	0.9487	1.9405	0.8545
1999	1.1888	0.9040	0.8099	0.5717	0.3559
2000	−0.4270	−0.0205	0.2400	0.2141	−0.0859
2001	0.5962	−0.0431	0.6142	0.8703	0.6248
2002	1.1174	0.9521	0.5514	0.9626	1.5342
2003	0.5735	0.5688	0.4833	0.7240	0.9112
2004	0.8370	0.8820	0.8596	1.4716	0.3992
2005	0.7583	0.9838	0.8551	1.0632	1.3658
2006	1.4526	0.8042	0.5809	0.7757	1.1861
2007	0.9456	0.4894	0.6944	1.0455	1.2896
2008	1.0998	1.2288	0.7691	1.4636	1.0855
2009	0.9520	0.9511	0.9105	1.1035	1.4289
2010	1.5055	1.1616	0.7887	0.8332	1.7206
2011	0.8905	0.7911	0.9211	1.1758	1.1720
2012	1.3107	1.1533	1.3448	1.2338	1.5396
2013	0.6214	1.2406	1.0857	1.1106	0.9294

资料来源：同上。

附录6　面板单位根检验

变量名称		Levin–Lin–Chu检验	Im–Pesaran–Shin检验
人均GDP增长率	rrgdp	-3.263^{***}（0.001）	-1.437^{*}（0.075）
基尼系数	dGini	-9.569^{***}（0.000）	-8.472^{***}（0.000）
财政支出总量	dt	-6.997^{***}（0.000）	-7.011^{***}（0.000）
公共教育支出	dedu	-5.733^{***}（0.000）	-7.546^{***}（0.000）
公共卫生支出	dheal	-4.507^{***}（0.000）	-4.047^{***}（0.000）
社会保障支出	dpro	-8.397^{***}（0.000）	-7.662^{***}（0.000）
公共投资支出	dinv	-5.853^{***}（0.000）	-5.744^{***}（0.000）
经济事务支出	deco	-5.416^{***}（0.000）	-5.403^{***}（0.000）
一般性支出	dgen	-3.041^{***}（0.001）	-8.242^{***}（0.000）

注：d表示相应变量的一阶差分，括号中数字代表响应统计量，***、**、*分别表示在1%、5%、10%的置信水平上显著，所有统计量数值保留三位小数。

附录7 PVAR模型滞后阶数的选择（财政支出增长与分配效应检验）

模型	滞后阶数	AIC准则	BIC准则	HQIC准则
PVAR（dedu）	1	−22.9213	−21.5847	−22.3864
	2	−23.4945	−21.8679*	−22.8418*
	3	−23.5938	−21.6386	−22.8071
	4	−23.6335*	−21.3016	−22.6928
PVAR（dheal）	1	−24.8858	−23.5491	−24.3508
	2	−25.6495	−24.023*	−24.9968*
	3	−25.7631	−23.8078	−24.9764
	4	−25.7767*	−23.4447	−24.836
PVAR（dpro）	1	−22.1424	−20.8058	−21.6074
	2	−22.7698	−21.1432*	−22.117*
	3	−22.8196*	−20.8644	−22.033
	4	−22.6842	−20.3523	−21.7435
PVAR（dinv）	1	−15.4154	−14.45	−15.029
	2	−16.2143	−15.073*	−15.7563*
	3	−16.2977	−14.957	−15.7553
	4	−16.3671*	−14.7975	−15.734
PVAR（deco）	1	−21.2499	−19.9133	−20.7149
	2	−21.8868	−20.2602*	−21.234
	3	−22.1428*	−20.1875	−21.3561*
	4	−22.0761	−19.7442	−21.1354
PVAR（dgen）	1	−25.4292	−24.0925	−24.8942
	2	−26.271	−24.6444*	−25.6183*
	3	−26.4024	−24.4472	−25.6158
	4	−26.4655*	−24.1336	−25.5249

注：*为相应准则判定中信息量的最小取值；1、2、3、4表示滞后阶数；PVAR（dedu）、PVAR（dheal）、PVAR（dpro）、PVAR（dinv）、PVAR（deco）、PVAR（dgen）分别表示公共教育支出、公共卫生支出、社会保障支出、公共投资支出、经济事务支出和一般性支出的PVAR模型。

附录8　PVAR模型稳定性检验结果（财政支出增长与分配效应检验）

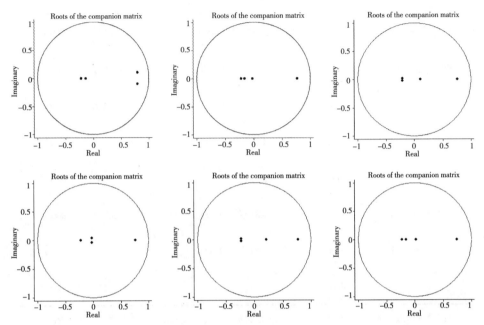

注：图1~3分别为公共教育支出模型、公共卫生支出模型、社会保障支出模型的检验结果，图4~6分别为经济事务支出模型、一般性支出模型、公共投资支出模型。

附录9　面板数据平稳性检验（财政支出与共享式增长指数）

变量名称		Levin–Lin–Chu检验	Im–Pesaran–Shin检验
共享式增长指数	igi	−10.127*** （0.000）	−9.026*** （0.000）
财政支出总量	dt	−6.997*** （0.000）	−7.011*** （0.000）
公共教育支出	dedu	−5.733*** （0.000）	−7.546*** （0.000）
公共卫生支出	dheal	−4.507*** （0.000）	−4.047*** （0.000）
社会保障支出	dpro	−8.397*** （0.000）	−7.662*** （0.000）
公共投资支出	dinv	−5.853*** （0.000）	−5.744*** （0.000）
经济事务支出	deco	−5.416*** （0.000）	−5.403*** （0.000）
一般性支出	dgen	−3.041*** （0.001）	−8.242*** （0.000）

注：财政支出变量的检验结果同前文，d表示相应变量的一阶差分，括号中数字分别代表LLC、IPS检验中相应的统计量，***、**、*分别表示在1%、5%、10%的置信水平上显著，所有统计量数值保留三位小数。

附录10　PVAR模型稳定性检验结果（财政支出与共享式增长指数）

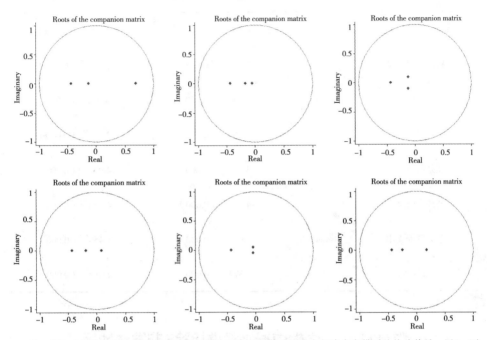

注：图1~3分别为公共教育支出模型、公共卫生支出模型、社会保障支出模型的检验结果，图4~6分别为经济事务支出模型、一般性支出模型、公共投资支出模型。

附录11-1　面板数据平稳性检验-发达地区

变量名称		Levin–Lin–Chu检验	Im–Pesaran–Shin检验
共享式增长指数	igi	-6.745^{***}（0.000）	-5.697^{***}（0.000）
财政支出总量	dt	-2.392^{***}（0.008）	-2.615^{***}（0.004）
公共教育支出	dedu	-5.043^{***}（0.000）	-6.800^{***}（0.000）
公共卫生支出	dheal	-3.469^{***}（0.000）	-3.074^{***}（0.000）
社会保障支出	dpro	-4.570^{***}（0.000）	-4.907^{***}（0.000）
公共投资支出	dinv	-4.171^{***}（0.000）	-4.224^{***}（0.000）
经济事务支出	deco	-3.919^{***}（0.000）	-3.459^{***}（0.000）
一般性支出	dgen	-4.374^{***}（0.000）	-4.083^{***}（0.000）

附录11-2　面板数据平稳性检验-非发达地区

变量名称		Levin–Lin–Chu检验	Im–Pesaran–Shin检验
共享式增长指数	igi	-6.149^{***}（0.000）	-6.390^{***}（0.000）
财政支出总量	dt	-6.029^{***}（0.000）	5.726^{***}（0.000）
公共教育支出	dedu	-2.700^{***}（0.003）	-4.356^{***}（0.000）
公共卫生支出	dheal	-3.348^{***}（0.000）	-3.471^{***}（0.000）
社会保障支出	dpro	-6.841^{***}（0.000）	-6.138^{***}（0.000）
公共投资支出	dinv	-3.606^{***}（0.000）	-3.878^{***}（0.000）
经济事务支出	deco	-4.362^{***}（0.000）	-4.486^{***}（0.000）
一般性支出	dgen	-1.323（0.9071）	-4.509^{***}（0.000）

附录12-1　最优滞后阶数的选择（发达地区）

模型	滞后阶数	AIC准则	BIC准则	HQIC准则
PVAR（dedu）	1	−8.24747	−7.36771	−7.89015
	2	−14.021	−12.9073	−13.5685
	3	−14.753*	−13.3771*	−14.1939*
	4	−14.5608	−12.8883	−13.8816
PVAR（dheal）	1	−9.28185	−8.40208	−8.92452
	2	−15.9838	−14.8701	−15.5313
	3	−16.4503*	−15.0744*	−15.8912*
	4	−16.3811	−14.7086	−15.7019
PVAR（dpro）	1	−9.13458	−8.25481	−8.77726
	2	−14.238	−13.1243	−13.7854
	3	−14.8153*	−13.4394*	−14.2562*
	4	−14.714	−13.0415	−14.0348
PVAR（dinv）	1	−4.77404	−3.89427	−4.41671
	2	−11.0275	−9.91378	−10.5749
	3	−11.5014*	−10.1255*	−10.9423*
	4	−11.4671	−9.79457	−10.7879
PVAR（deco）	1	−9.99956	−9.11979	−9.64223
	2	−11.4893	−10.3756	−11.0367
	3	−12.6088*	−11.2329*	−12.0497*
	4	−12.1995	−10.527	−11.5203
PVAR（dgen）	1	−14.1575	−12.7816	−13.5984
	2	−13.4159	−12.3022	−12.9634
	3	−14.7259*	−13.8461*	−14.3685*
	4	−12.8392	−11.1667	−12.1600

注：PVAR（dedu）、PVAR（dheal）、PVAR（dpro）、PVAR（dinv）、PVAR（deco）、PVAR（dgen）分别表示公共教育支出、公共卫生支出、社会保障支出、公共投资支出、经济事务支出和一般性支出的PVAR模型。

附录12-2 最优滞后阶数的选择（非发达地区）

模型	滞后阶数	AIC准则	BIC准则	HQIC准则
PVAR（dedu）	1	−7.459	−6.58879	−7.10539
	2	−10.2386	−9.12484	−9.78605
	3	−10.8071	−9.42078*	−10.2641*
	4	−10.9513*	−9.25735	−10.2442
PVAR（dheal）	1	−8.06144	−7.19124	−7.70783
	2	−12.7158	−11.602	−12.2632
	3	−13.239	−11.8526*	−12.6759*
	4	−13.335*	−11.6411	−12.6479
PVAR（dpro）	1	−5.67869	−4.80849	−5.32508
	2	−9.54231	−8.4285	−9.0897
	3	−9.93525*	−8.54891*	−9.3722*
	4	−9.76847	−8.07453	−9.0814
PVAR（dinv）	1	−4.02294	−3.15274	−3.66933
	2	−8.28177	−7.16796	−7.82917
	3	−8.79115*	−7.40481*	−8.22811*
	4	−8.66437	−6.97044	−7.9773
PVAR（deco）	1	−4.55414	−3.68394	−4.20053
	2	−8.94307	−7.82926	−8.49047
	3	−9.5743*	−8.18796*	−9.01125*
	4	−9.5542	−7.86027	−8.86713
PVAR（dgen）	1	−8.97232	−8.10212	−8.61871
	2	−13.0782	−11.9644	−12.6256
	3	−13.7604	−12.3741*	−13.1974*
	4	−13.8172*	−12.1233	−13.1301

注：PVAR（dedu）、PVAR（dheal）、PVAR（dpro）、PVAR（dinv）、PVAR（deco）、PVAR（dgen）分别表示公共教育支出、公共卫生支出、社会保障支出、公共投资支出、经济事务支出和一般性支出的PVAR模型。

参考文献

［1］阿玛蒂亚·森：《论经济不平等 不平等之再考察》，北京，社会科学文献出版社，2005。

［2］巴罗、萨拉-伊-马丁，何晖、刘明兴译：《经济增长》，北京，中国社会科学出版社，2000。

［3］白景明：《居民收入倍增与经济增长走势》，载《中国金融》，2012（23）：67-69。

［4］波金斯：《发展经济学》（第六版），北京，中国人民大学出版社，2013。

［5］布吉尼翁（Bourguignon）：《不平等与增长：1990—2012年出现的一种综合思想体系》，载于热内维、帕乔里、图比娅娜《减少不平等：可持续发展的挑战》，北京，社会科学文献出版社，2013。

［6］蔡荣鑫：《益贫式增长模式研究》，北京，科学出版社，2010。

［7］蔡荣鑫：《包容性增长理念的形成及其政策内涵》，载《经济学家》，2009（1）：102-104。

［8］钞小静、任保平：《中国公共支出结构对经济增长影响的实证分析：1978—2004》，载《经济评论》，2007（5）：33-41。

［9］陈安平：《财政分权、城乡收入差距与经济增长》，载《财经科学》，2009（10）：93-101。

［10］陈工、洪礼阳：《财政分权对城乡收入差距的影响研究——基于省级面板数据的分析》，载《财政研究》，2012（8）：45-49。

［11］陈昌兵：《经济增长与收入分配间的相互作用机制及其实证分析》，载《当代经济科学》，2007（1）：57-62。

［12］程永宏：《改革以来全国总体基尼系数的演变及其城乡分解》，载《中国社会科学》，2007（4）：45-60。

［13］崔军：《调节居民收入分配的财政制度安排》，北京，经济科学出

版社，2011。

［14］丁少群、许志涛：《社会保障水平、收入分配与经济增长的互动关系研究》，载《中国经济问题》，2013（6）：3-12。

［15］邓旋：《财政支出规模、结构与城乡收入不平等——基于中国省级面板数据的实证分析》，载《经济评论》，2011（4）：63-69。

［16］董静、李子奈：《修正城乡加权法及其应用》. 载《数量经济技术经济研究》，2004（5）：120-123。

［17］付文林、沈坤荣：《中国公共支出的规模与结构及其增长效应》，载《经济科学》，2006（1）：20-29。

［18］葛成：《财政支出缩减收入分配差距的经验研究》，载《广东社会科学》，2013（6）：43-52。

［19］郭庆旺、吕冰洋、张德勇：《财政支出结构与经济增长》，载《经济理论与经济管理》，2003（11）：5-12。

［20］郭凯明、张全升、龚六堂：《公共政策、经济增长与不平等演化》，载《经济研究》，2011（2）：5-15。

［21］贺大兴、姚洋：《不平等、经济增长和中等收入陷阱》，载《当代经济科学》，2014（5）：1-9。

［22］贺俊：《财政分权、经济增长与城乡收入差距：基于省际面板数据的分析》，载《当代财经》，2013（5）：27-38。

［23］侯荣华：《财政支出乘数理论及其应用》，载《财政研究》，2006（3）：8-10。

［24］胡汉军、刘穷志：《我国财政政策对于城乡居民收入不公平的再分配效应研究》，载《中国软科学》，2009（9）：54-59。

［25］胡志军：《基于分组数据的基尼系数估计与社会福利：1985—2009》，载《数量经济技术经济研究》，2012（9）：111-121。

［26］贾康、李炜光：《国防费：国防战略与宏观经济调控》，载《广东商学院学报》，2005（1）：4-10。

［27］金双华：《理顺收入分配关系的财政支出作用研究》，载《数量经济技术经济研究》，2002（11）：85-88。

［28］李建强、张淑翠：《公共支出结构的收入分配效应分析》，载《商业时代》，2011（31）：41-42。

［29］李永友、沈坤荣：《财政支出结构、相对贫困与经济增长》，载《管理世界》，2007（11）：14-26。

［30］李一花、沈海顺：《增长还是福利——财政支出结构效应的实证分析》，载《经济与管理评论》，2012（5）：97-105。

［31］李中、周勤：《全球化、绝对贫困与共享式增长》，载《亚太经济》，2014（1）：3-10.

［32］廖楚晖、余可：《地方政府公共支出结构与经济增长：基于中国省际面板数据的实证分析》，载《财贸经济》，2006（11）：41-45。

［33］廖信林：《财政支出、城市化对城乡收入差距的作用机理及动态分析》，载《软科学》，2012（4）：33-38。

［34］连玉君：《中国上市公司投资效率研究》，北京：经济管理出版社，2009。

［35］林毅夫等：《以共享式增长促进社会和谐》，北京，中国计划出版社，2008。

［36］刘穷志：《公共支出归宿：中国政府公共服务落实到贫困人口手中了吗》，载《管理世界》，2007（4）：60-67。

［37］刘穷志：《促进经济增长与社会公平的公共支出归宿机制研究——兼论中国公共支出均等化的政策选择》，载《经济评论》，2008（5）：11-17。

［38］刘建民、王蓓、吴金光：《基于区域效应的财政政策效果研究》，载《经济学动态》，2012（9）：30-35。

［39］刘勇政、冯海波：《腐败、公共支出效率与长期经济增长》，载《经济研究》，2011（9）：17-28。

［40］龙翠红、吴福象、洪银兴：《收入不平等与经济增长——基于中国省际面板数据的实证分析》，载《世界经济文汇》，2010（5）：25-37。

［41］陆铭、万广华、陈钊：《因患寡，而患不均：中国的收入差距、投资、教育和增长的相互影响》，载《经济研究》，2005（12）：4-14。

［42］吕炜：《公平增长与公共支出的政策安排》，载《经济社会体制比较》，2004（5）：12-29。

［43］吕炜，赵佳佳：《中国经济发展过程中的公共服务与收入分配调节》，载《财贸经济》，2007（5）：45-52。

［44］吕志华：《持续增长条件下的最优财政支出结构研究》，载《中央财经大学学报》，2012（4）：1-6。

［45］卢现祥、徐俊武：《公共政策、减贫与有利于穷人的经济增长——基于1995—2006年中国各省转移支付的分析》，载《制度经济学研究》，2009（4）：112-125。

［46］卢现祥、徐俊武：《中国共享式经济增长实证研究：基于公共支出、部门效应和政府治理的分析》，载《财经研究》，2012（1）：27-37。

［47］马拴友：《财政政策与经济增长》，北京，经济科学出版社，2003。

［48］马万里、李齐云：《收入分配差距的财政分权因素：一个分析框架》，载《经济学家》，2013（4）：13-23。

［49］米增渝、刘霞辉、刘穷志：《经济增长与收入不平等：财政均衡激励政策研究》，载《经济研究》，2012（12）：43-54。

［50］彭锻炼、左武：《公共支出结构对经济增长和社会公平的影响》，载《中南财经政法大学学报》，2011（4）：90-95。

［51］普拉丹（Pradhan）：《公共支出分析的基本方法》，北京，中国财政经济出版社，2000。

［52］莫亚琳、张志超：《城市化进程、公共财政支出与社会收入分配——基于城乡二元结构模型与面板数据计量的分析》，载《数量经济技术经济研究》，2011（3）：79-89。

［53］欧阳煌：《居民收入与国民经济协调增长：理论与实证》，北京，经济科学出版社，2012。

［54］潘敏、张依茹：《鱼和熊掌能否兼得：我国财政政策效果研究》，载《统计研究》，2012（4）：51-59。

［55］冉光和、潘辉、吴利：《中国经济增长与收入分配变动趋势：1978—2010》，载《统计与决策》，2012（3）：129-131。

［56］任保平等，《中国经济增长质量报告（2011）：中国经济增长包容性》，北京，中国经济出版社，2011。

［57］若赞（Jozan）：《引言 减少不平等：可持续发展的挑战》，载于热内维、帕乔里、图比娅娜《减少不平等：可持续发展的挑战》，北京，社会科学文献出版社，2013。

［58］热内维（Genevey）：《里约峰会20年后，可持续发展深入人心》，载于热内维、帕乔里、图比娅娜《减少不平等：可持续发展的挑战》，北京，社会科学文献出版社，2013。

［59］世界银行：《公平与发展》，北京，清华大学出版社，2006。

［60］世界银行："中国贫困和不平等问题评估"，国别报告，http：//siteresources.worldbank.org/EXTEAPCHINAINCHINESE/Resources/3885741-1199439668180/China_PA_Report_March_2009_chn.pdf，2009。

［61］世界银行："在中国促进包容性创新 实现可持续的共享式增长"，http：//www.worldbank.org/en/news/press-release/2013/12/12/inclusive-Innovation-for-inclusive-growth，2013。

［62］斯蒂格利茨：《不平等的代价》，北京，机械工业出版社，2013。

［63］史焕平、沈鑫伟：《对新剑桥学派经济增长理论的质疑：理论、实证及再拓展》，载《南昌大学学报》，2014（2）：72-79。

［64］孙荣、辛方坤：《财政支出规模、结构与社会福利的动态均衡研究》，载《经济问题探索》，2011（8）：95-100。

［65］孙文基、李建强：《财政性社会保障支出、收入分配与经济增长的实证检验》，载《统计与决策》，2011（2）：112-115。

［66］孙玉栋：《收入分配差距与税收政策研究》，北京，经济科学出版社，2008。

［67］田卫民a：《中国市场化进程对收入分配影响的实证分析》，载《当代财经》，2012（10）：27-33。

［68］田卫民b：《中国基尼系数计算及其变动趋势分析》，载《人文杂志》，2012（2）：56-61。

［69］田卫民c：《省域居民收入基尼系数测算及其变动趋势分析》，载《经济科学》，2012（2）：48-59。

［70］王少平、欧阳志刚：《中国城乡收入差距对实际经济增长的阈值效应》，载《中国社会科学》，2008（2）：54-66。

［71］王天夫、王丰：《不平等挑战中国》，载于宋晓梧、王天夫、李实、王丰，《不平等挑战中国：收入分配的思考与讨论》，北京，社会科学文献出版社，2013.

［72］西南财经大学中国家庭金融调查与研究中心："中国家庭收入差距

报告"，http://chfs.swufe.edu.cn/upload/shourubupingdeng.pdf，2013。

［73］夏龙、冯涛：《公共支出与二元经济结构转换的阈值条件分析》，载《农村技术经济》，2010（12）：31-38。

［74］徐映梅、张学新：《中国基尼系数警戒线的一个估计》，载《统计研究》，2011（1）：80-83。

［75］徐俊武：《公共支出对包容性增长的影响研究》，北京，新华出版社，2013。

［76］薛进军：《不平等的增长：收入分配的国际比较》，北京，社会科学文献出版社，2013。

［77］杨爱婷、宋德勇：《中国社会福利水平的测度及对低福利增长的分析：基于能力与功能的视角》，载《数量经济技术经济研究》，2012（11）：3-17。

［78］杨缅昆：《社会福利指数构造的理论和方法初探》，载《统计研究》，2009（7）：37-42。

［79］严成樑、龚六堂：《最优财政政策选择：从增长极大化到福利极大化》，载《财政研究》，2012（10）：16-19。

［80］姚洋：《发展经济学》，北京，北京大学出版社，2013。

［81］尹恒、龚六堂、邹恒甫：《收入分配不平等与经济增长：回到库兹涅茨假说》，载《经济研究》，2005（4）：17-22。

［82］余靖雯、龚六堂：《公共教育、经济增长和不平等》，载《世界经济文汇》，2013（3）：2-17。

［83］岳希明、李实：《我们更应该相信谁的基尼系数》，载于宋晓梧、王天夫、李实、王丰，《不平等挑战中国》，北京，社会科学文献出版社，2013。

［84］中国经济增长与宏观稳定课题组：《增长失衡与政府责任：基于社会性支出角度的分析》，载《经济研究》，2006（10）：4-17。

［85］庄巨忠：《亚洲的贫困、收入差距与包容性增长》，北京，中国财政经济出版社，2012。

［86］郑永年：《中国为何需要包容性增长》，载《联合早报》，2010-11-30。

［87］周业安、韩奕、郑新业、董丽霞：《社会性支出与城市居民收入不

平等关系研究》，载《中国宏观经济分析与预测报告》，2012第三季度。

［88］朱迎春：《我国公共支出结构经济增长效应的实证研究》，载《经济经纬》，2013（4）：134-138。

［89］Acemoglu, D. and J.A.Robinson, "The political economy of the Kuznets curve", *Review of Development Economics*, 2002, 6（2）: 183-203.

［90］Afonso, A., L.Schuknecht and V.Tanzi, "Income distribution determinants and public spending efficiency", ECB Working Paper No.861, 2008.

［91］Ahluwalia, M.S., "Income distribution and development: Some stylized facts", *American Economic Review*, 1976, 66（2）: 128-135.

［92］Winters, L.A., "Globalization, infrastructure, and inclusive growth", ADBI Working Paper Series No.464, 2014.

［93］Alesina, A. and D. Rodrik, "Distributive politics and economic growth", *Quarterly Journal of Economics*, 1994, 1019（2）: 465-490.

［94］Alesina, A. and R. Perotti, "Income distribution, political instability and investment", *European Economic Review*, 1996, 40: 1203-1228.

［95］Ali, I. and H.H.Son, "Measuring inclusive growth", *Asian Development Review*, 2007, 24（1）: 11-31.

［96］Amartya Sen, "Real national income", *Review of Economic Studies*, 1976, 43（1）: 19-39.

［97］Anand, R., V. Tulin, and N. Kumar., "India: Defining and explaining inclusive growth and poverty reduction", IMF Working Paper, WP/14/63, 2014.

［98］Arellano, M. and O.Bover, "Another look at the instrumental variable estimation of error-components models", Journal of Econometrics, 1995, 68（1）: 29-51.

［99］Arrow, K.J. and M. Kurz, "Public investment, the rate of return, and optimal fiscal policy", Resources for the Future, 1970.

［100］Asian Development Bank（ADB）, "Asian development outlook 2012: confronting rising inequality in Asia", Mandaluyong City, Philippines: Asian Development Bank, 2012.

［101］Asian Development Bank（ADB）, "Asian development outlook 2014: Fiscal policy for inclusive growth", Mandaluyong City, Phillippines: Asian

Development Bank, 2014.

［102］Balakrishnan, R., C. Steinberg, and M. Syed., "The elusive quest for inclusive growth: growth, poverty, and inequality in Asia", IMF Working Paper WP/13/152, 2013.

［103］Barro, F., D., "Government spending in a simple model of endogenous growth", *Journal of Political Economy*, 1990, 98（5）: 103–125.

［104］Barro, R.J. "Inequality and growth in a panel of countries", *Journal of Economic Growh*, 2000, 5（1）: 5–32.

［105］Barros, R., F.Ferreira, J.M.Vega and J.S.Chanduvi., "Measuring inequality of opportunities in Latin America and the Caribbean", New York: Palgrave Macmillan, 2009.

［106］Bastagli, F., D. Coady and S. Gupta, "Income inequality and fiscal policy", IMF Staff Discussion Note SDN/12/08, 2012.

［107］Berg A.G. and J.D. Ostry, "Equality and efficiency: is there a trade-off between the two or do they go hand in hand", *Finance & Development*, 2011, 48（3）: 13–15.

［108］Bergh, A. and G. Fink., "Higher education policy, enrollment, and income inequality", *Social Science Quarterly*, 2008, 89（1）: 217–235.

［109］Benabou, R., "Inequality and growth", NBER Macroeconomics Annval, 1996, 11: 11–74.

［110］Bhalla, S., "Incluisve growth? focus on employment", *Social Scientist*, 2007, 35（7/8）: 24–43.

［111］Brauninger, M. and J.P. Vidal., "Private versus public financing of education and endogenous growth", *Journal of Population Economics*, 1999, 13: 387–401.

［112］Bourguignon, F., "The poverty–growth–inequality triangle", Paper presented at the Indian Council for Research on International Economic Relations, 2004.

［113］Bourguignon, F., "Pareto superiority of unegalitarian equilibria in Stiglitz' model of wealth distribution with convex saving function", *Econometrica*, 1981, 46（6）: 1469–1475.

［114］Carcia-Penalosa, C. and S.J. Turnovsky, "Growth, income inequality, and fiscal policy: What are the relevant trade-offs", *Journal of Money, Credit & Banking*, 2007, 39（2-3）: 369-394.

［115］Chenery, H.B., "The structuralist approach to development policy", *American Economic Review*, 1975, 65（2）: 310-316.

［116］Claus, I., J. Martinez-Vazquez and V.Vulovic, "Government fiscal policies and redistribution in Asian countries", ADB Working Paper Series No.310, 2012.

［117］Cubero, R. and I.V. Hollar, "Equity and fiscal policy: The income distribution effects of taxation and social spending in Central America", IMF Working Paper WP/10/112, 2010.

［118］Das-Gupta, A., "Fiscal resources for inclusive growth", ADB Economics Working Paper Series, No.416, 2014.

［119］Deininger, K. and L. Squire., "A new data set measuring income inequality", *World Bank Economic Review*, 1996, 10（3）: 565-591.

［120］Devarajan, S., V. Swaroop and H.F.Zou, "The composition of public expenditure and economic growth", *Journal of Monetary Economics*, 1996, 37（2）: 313-344.

［121］Easterly, W. and S. Rebelo, "Fiscal policy and economic growth", *Journal of Monetary Economics*, 1993, 32（3）: 417-458.

［122］Stuart, E., "Making growth inclusive: Some lessons from countries and the literature", Oxfam Research Reports, April, 2011.

［123］Iradian, G., "Inequality, poverty, and growth: cross-country evidence", IMF Working Paper WP/05/28, 2005.

［124］Galor, O. and, J.Zeira, "Income distribution and macroeconomics", *Review of Economic Studies*, 1993, 60（1）: 35-52.

［125］Galor, O., "Income distribution and the process of development", *European Economic Review*, 2000, 44: 706-712.

［126］Glomm, G. and B. Ravikumar, "Public versus private investment in human capital: Endogenous growth and income inequality", *Journal of Political Economy*, 1992, 100（4）: 818-834.

［127］Habito, C.F., "Patterns of inclusive growth in developing Asia: insights from an enhanced growth-poverty elasticity analysis", ADBI Working Paper Series No.145, 2009.

［128］Hoeller, P., "Less income inequality and more growth-are they compatible?part 4. top incomes", OECD Economics Department Working Papers, No.927, 2012.

［129］Li, H. and H. Zou, "Income inequality is not harmful for growth: Theory and evidence", *Review of Development Econimics*, 1998, 2（3）: 318-334.

［130］Tanninen, H., "Income inequality, government expenditures and growth", *Applied Economics*, 1999, 31（9）: 1109-1117.

［131］Son, H.H., "Inclusive growth in Asia: Trends and issues", Asian Development Bank, 2014.

［132］Ianchovichina, E. and S.Lundstrom, "Inclusive growth analytics: framework and application", World Bank Policy Research Working Paper, No.4851, 2009.

［133］Lee, I.H., M. Syed and X. Wang., "Two sides of the same Coin? rebalancing and inclusive growth in China", IMF Working Paper WP/13/185, 2013.

［134］Cuesta, J., "Social spending, distribution, and equality of opportunities: The opportunity incidence analysis", World Development 2014, 62: 106-124.

［135］Joumard, I., M. Pisu and D. Bloch, "Less income inequality and more growth-Are they compatible?v Part 3. Income redistribution via taxes and transfers across OECD countries", OECD Economics Department Working Paper No.926, 2012.

［136］Kaldor, N., "A model of economic growth", *Economic Journal*, 1957, 67（268）: 586-624.

［137］Kanbur, R., C. Rhee, and J. Zhuang., "Inequality in Asia and the Pacific: Trends、drivers and policy implications", ACo-publication of the Asian Development Bank and Routledge, 2014.

［138］Keefer P. and S. Knack, "Polarization, politics and property rights: links between inequality and growth", Policy Research Working Paper, No.2418,

2000.

［139］Kakwani, N. and E.M. Pernia, "What is pro-poor growth", *Asian Development Review*, 2000, 18（1）1-16.

［140］Sylwester, K., "Income inequality, education expenditures, and growth", *Journal of Development Economics*, 2000, 63（2）: 379-398.

［141］Klasen, S., "Measuring and monitoring inclusive growth: Multiple definitions, open questions, and some constructive proposals", ADB sustainable Development Working Paper Series No.12, 2010.

［142］Schmidt-Hebbel, K. and J.Tello, "The political economy of growth, inequality, the size and composition of government spending", Peruvian Economic Association Working Paper No.19, 2014.

［143］Kraay, A., "When is growth pro-poor? cross-country evidence", IMF Working Paper, No.04/47, 2004.

［144］Kumhof, M. and R.Ranciere., "Inequality, leverage and crises", IMF Working Paper WP/10/268, 2010.

［145］Sen, K., "Inclusive growth: When may we expect it?When may we Not?", *Asian Development Review*, 2014, 31（1）: 136-162.

［146］Kuznets, S., "Economic growth and income inequality", *American Economic Review*, 1955, 45（1）: 1-28.

［147］Muinelo-Gallo, L. and O.Roca-Sagales., "Economic growth and inequality: The role of fiscal policies", *Australian Economic Papers*, 2011, 50（2-3）: 74-97.

［148］Muinelo-Gallo, L. and O. Roca-Sagales, "Joint determinants of fiscal policy, income inequality and economic growth", IECON working papers, No.12-04, 2012.

［149］Lewis, W.A., "Economic development with unlimited supplies of labor", *The Manchester School*, 1954, 22（2）: 139-191.

［150］Love, I. and L.Zicchino, "Financial development and dynamic investment behavior: Evidence from panel VAR", *Quarterly Review of Economics and Finance*. 2006, 46（2）: 190-210.

［151］Lopez, J.H., "Pro-poor growth: A review of what we know（and of what we don't) ", Washington DC: World Bank, 2004.

[152] Holzner, M., "Inequality, growth and public spending in Central, East and Southeast Europe", ECINEQ WP.2011-221, 2011.

[153] Martinez-Vazquez, J., B.Moreno-Dodson and V.Vulovic, "The impact of tax and expenditure policies on income distribution: Evidence from a large panel of countries", *Review of Public Economics*. 2012, 200 (1): 95-130.

[154] McKinley, T., "Inclusive growth criteria and indicators: an inclusive growth index for diagnosis of country progress", ADB Sustainable Development Working Paper Series, No.14, 2010.

[155] Measure of America of the Social Science Research Council, "2012 opportunity index: methodological notes", Measure of America Working Paper, 2012.

[156] Mlachila, M., R.Tapsoba, and S.J.A.Tapsoba., "A quality of growth index for developing countries: A proposal", IMF working paper WP/14/172, 2014.

[157] Muinelo-Gallo, L. and O.Roca-Sagales., "Joint determinants of fiscal policy, income inequality and economic growth", Economic Modelling, Vol. 30, 2013, 814-824.

[158] Myrdal, G., "Economic theory and underdeveloped regions", London, G.Duckworth, 1957.

[159] Narayan, A., J.S.Chanduri, and S.Tiwari., "Shared prosperity: Links to growth, inequality and inequality of opportunity", World Bank Policy Research Working Paper WPS 6649, 2013.

[160] OECD, "Indicators to measure decoupling of environmental pressure and economic growth", OECD Publishing: Paris, 2002.

[161] OECD, "Divided we stand: Why inequality keeps rising", OECD Publishing: Paris, 2011.

[162] OECD, "all on board: Make inclusive growth happen", OECD Publishing: Paris, 2014.

[163] Pandey, J.K.A.K. Chintuand R.Ranjan, "Inclusive growth in india: some empirical facts ", *Knowledge Horizons-Economics*, 2014, 6 (1): 67-74.

[164] Brunori, P., F.H.G. Ferreira and V.Peragine, "Inequality of opportunity, income inequality and economic mobility: Some international

comarisons", World Bank Policy Research Working Paper No.6304, 2013.

［165］Perotti, R., "Growth, income distribution and democracy: What the data say", *Journal of Economic Growth*, 1996, 1（2）: 149–187.

［166］Ranieri, R. and R.A. Ramos, "Inclusive growth: Building up a concept", International Policy Centre for Inclusive Growth Working Paper No.104, 2013.

［167］Pal, R., "Inclusive growth and equality of opportunity", International Journal of Economics, Finance and Management, 2014, 3（4）: 151–157.

［168］Ramos, R.A., R. Ranieri and J.Lammens, "Mapping inclusive growth", International Policy Centre for Inclusive Growth Working Paper No.105, 2013.

［169］Roy, R., "Room at the top: An Overview of fiscal space, fiscal policy and inclusive growth in developing Asia", National Institute of Public Finance and Policy Working Paper, No.2014–135, 2014.

［170］Ram, R., "Income, distribution, and welfare: An intercountry comparison", *Economic Development and Cultural Change*, 1992, 41（1）: 141–145.

［171］Ravallion, M., "Good and bad growth: The human development reports", *World Development*, 1997, 25（5）: 631–638.

［172］Rauniyar, G. and R.Kanbur, "Inclusive development: two papers on conceptualization, application, and the ADB perspective", ADB Working Paper WP 2010–01, 2010.

［173］Rudra, N., "Openness, welfare spending, and inequality in the developing world", *International Studies Quarterly*, 2004, 48（3）: 683–709.

［174］Sanjeev Gupta, "Fiscal policy and income inequality", IMF Policy Paper, January 22, 2014.

［175］Hur, S.K., "Government spending and inclusive growth in developing Asia", ADB Economics Working Paper Series, No.415, 2014.

［176］Tapio, P., "Towards a theory of decoupling: degrees of decoupling in the EU and the case of road traffic in Finland between 1970 and 2001", *Transport Policy*, 2005, 12（2）: 137–151.

［177］Taskin, T., "GDP growth in Turkey: inclusive or not", Central Bank of Turkey Working Paper No.14/08, 2014.

［178］Thorbecke, E., "The structural anatomy and institutional architecture of inclusive growth in sub-Saharan Africa", WIDER Working Paper, No.041, 2014.

［179］Thomas, V., "Inclusive growth: merely desirable or essential?" http://pressroom.ipc-undp.org/?p=3966, 2011.

［180］White, H. and E. Anderson, "Growth versus distribution: does the pattern of growth matter?", Development Policy Review, 2001, 19（3）: 267–289.

［181］Xie Y. and X.Zhou., "Income inequality in Today's China", *Proceedings of the National Academy of Sciences*, 2014, 111（19）: 6928–6933.

［182］Huang, Y. and M.G.Quibria, "The global partnership for inclusive growth", WIDER Working Paper No.059, 2013.

［183］Yuwa Hedrick-Wong., "Mapping the path to future prosperity: emerging markets inclusive growth index", Master Card Center for Inclusive Growth Working Paper Q1, 2014.

后　记

这是一段并不轻松的旅程。

思前想后，可能这一句话最能描述我在键盘上敲进最后一个字时的心情。码字写书的过程，我更愿称之为旅程。旅程是美好而充实的，只是即便码过许多字，看过许多书，请教过许多人，研究过许多问题，依然无法轻松地写好一本薄薄的书。作为一个研究者，对研究的每一个问题和研究本身，都该怀有一颗敬畏之心。在整个写书的过程中，这种感觉愈发强烈，时而为摸透一个观点而亢奋，时而为论证进入"瓶颈"而烦忧，时雨时晴的心绪中，书稿终成，一行一列皆工夫，一字一句琢磨苦，看着自己的汗水结晶，不禁五味杂陈，真的是用心了。

共享式增长（Inclusive Growth）这个议题，我关注时间比较长。个人认为，共享式增长回答了什么是经济增长的终极目的。在经济研究的长河中，研究增长过程似乎比研究增长目的更受青睐。但是"淡漠初心"的增长终究会引发灾难，这样的负面案例比比皆是。共享式增长理念是对传统发展经济学的一次继承式创新，相关理论研究方兴未艾。党的十八届五中全会掷地有声地提出：共享是中国特色社会主义的本质要求，这表明在中国的政策实践中已经开始践行共享式增长理念。对于一名研究者来说，其所关注的议题，理论研究逐渐丰富，政策实践有所回应，绝对是一件让人兴奋的事情。

谨以此书献给我敬爱的老师。感谢我的博士导师黄燕芬教授和硕士导师孙柏瑛老师，两位恩师的为人处世治学都值得我一生学习。感谢财政所的许光建老师、崔军老师、孙玉栋老师、李青老师，各位老师对我的教诲、鼓励和鞭策，我一生珍视。

谨以此书献给我亲爱的家人。感谢我的父母和岳父母，是他们用辛勤的汗水分担了我生活中的压力，给了我最为宽松的写作环境，也让我无时无刻不感受到家庭的和睦包容。深深感谢我的爱人洪欣，感谢她的一路相伴，当我疲倦时给我泡上一杯温暖的咖啡，当我懈怠时给我呈上一碗心灵鸡汤，当我得意时给我浇上一壶温度正好的凉水，当我感慨"三十而立"和"三十而励"时，给我一份"三十儿莅"的惊喜。儿子取名博约，来自论语"君子博学于文，约之以礼"。如今，小博约已经1岁多，正是咿呀学语的阶段，他是个机灵贴心的小暖男，愿他健康快乐成长。不久之后，家里还要迎来一位可爱的新成员，感谢命运的眷顾，让一次次惊喜降临这个温馨善良的家庭。

特别感谢中国金融出版社以及黄海清、潘洁等编校人员给予的帮助和支持，保证了本书的顺利出版发行。由于研究能力和时间所限，书中难免有疏漏和错误，真诚希望读者的批评、指正和建议。

感谢完所有需要感谢的人，感慨完所有值得感慨的事，一段旅程的结束，意味着我需要把所有馈赠和遗憾都如数装入行囊。望望前方的另一段旅程，摇头微笑，无奈又甘之如饴。

毕竟，每一段心向往之的旅程其实都不轻松。

2016年8月

于成方街32号